ΚΩΝΣΤΑΝΤΙΝΟΣ Α. ΔΟΞΙΑΔΗΣ

———

ΤΑΞΙΔΙΩΤΙΚΑ ΗΜΕΡΟΛΟΓΙΑ
1954-1956

ΕΠΙΛΟΓΗ ΚΕΙΜΕΝΩΝ - ΕΠΙΜΕΛΕΙΑ Δημήτρης Φιλιππίδης

ΣΧΕΔΙΑΣΜΟΣ Εριφύλη Αράπογλου - ΕνARTE
ΣΕΛΙΔΟΠΟΙΗΣΗ Κέλλυ Καλογήρου
ΔΙΟΡΘΩΣΕΙΣ ΚΕΙΜΕΝΩΝ Ελένη Μπονάτσου
ΕΚΤΥΠΩΣΗ Γιώργος Κωστόπουλος
ΒΙΒΛΙΟΔΕΣΙΑ Αφοί Λιάπη

ISBN 978 960 204 395 0

Όλο το υλικό (ημερολόγια & εικονογράφηση) προέρχεται από το
Αρχείο Κωνσταντίνου Α. Δοξιάδη / Constantinos A. Doxiadis Archives

© copyright ΙΔΡΥΜΑ ΚΩΝΣΤΑΝΤΙΝΟΥ ΚΑΙ ΕΜΜΑΣ ΔΟΞΙΑΔΗ
            CONSTANTINOS AND EMMA DOXIADIS FOUNDATION

© έκδοσης 2019 Εκδοτικός Οίκος ΜΕΛΙΣΣΑ
Σκουφά 58, 106 80 Αθήνα
Τ. 210 3611692, F. 210 3600865
www.melissabooks.com

ΚΩΝΣΤΑΝΤΙΝΟΣ Α. ΔΟΞΙΑΔΗΣ

———

ΤΑΞΙΔΙΩΤΙΚΑ ΗΜΕΡΟΛΟΓΙΑ
1954-1956

Με υλικό από
το Αρχείο Κωνσταντίνου Α. Δοξιάδη

Εκδοτικός Οίκος ΜΕΛΙΣΣΑ

ΠΕΡΙΕΧΟΜΕΝΑ

12) ελς 1100 Δεκσαν γεεδο
αδο ελαιεν. 1 ωεα
ολαναςεν ελι Σαυλεξ
τις El Hamma δαυ ειναι
ισω αδι λοι νοιο τον
εναναιων - ςλαλα Δεινχεν
- εναλαδιοιες ε ψναι
αδο ελεαιεες
- ολα εχεδαι Ραρι αεχρα
ναι χωειι νανενα γινιος
εχεδιο.

ελις 1200 Δεερελα αδεναντε
φει Ραρεα - ρεας Δεεγκεεναν
λα αιλαειναρεα - ελιν
Δεπεεα τις λεορανας
- εε 20 Δεολα ρελα αδο
Δοεαης αδ οδον Ρεερορε
τος ιρια Τιβεραδα ειραελε
ελαν νελαεοραρνο νορεδο
ισ εν 20° Δεενεσρεινο ψιμρεα -
ο δαν ν ...

Addasa
Community of the Bakai's
3000 dunums irrigated
6000 „ non - „
14 families
70 persons.
- ... χρονια εχει δει ισεδευη
- they started with one
man and 20 Turkish
liras
- they did not receive any
grant
- they bought the land
- ειχαν ολαιεν και 300.
τωεα εχεσαν να το
Lear
- υλερχιο κεντεμο 20 ελιν
£ 2000
- ... Διωχρεο - ανω οχρες
να δενεειωτιαιι εεσρεη
ελις και ςεναι
νελν εχεριο
- products send to Amman
and other places
- ιδιωδαν ναννλαν
- εωλια λαιι αν χλορλαν

ΠΡΟΛΟΓΟΣ

❙ Ο ΚΩΝΣΤΑΝΤΙΝΟΣ ΔΟΞΙΑΔΗΣ (1913-1975), ο διασημότερος μεταπολεμικά Έλληνας πολεοδόμος στο εξωτερικό, αποφάσισε να εγκαταστήσει την έδρα του στην Αθήνα, όπου ίδρυσε τον Οργανισμό Δοξιάδη με δραστηριότητες μελετητικές, ερευνητικές και πολιτιστικές μετά το 1953. Σύντομα οι δραστηριότητες του μελετητικού Γραφείου Δοξιάδη απλώθηκαν στο εξωτερικό, με αναθέσεις έργων που του έγιναν από τα Ηνωμένα Έθνη στη Μέση Ανατολή και την Ασία, οι οποίες επεκτάθηκαν αργότερα στην Αφρική, την Ευρώπη και την Αμερική.

Προάγγελος των σύγχρονων μεγάλων εταιρειών που αναλαμβάνουν έργα, τεχνικά και οικοδομικά, σε διεθνή κλίμακα, σε όποιες χώρες αναλάμβανε έργα, το Γραφείο Δοξιάδη ίδρυσε και στελέχωσε επιτόπου γραφεία, τα οποία επέβλεπε και συντόνιζε ο ίδιος ο Δοξιάδης. Για τη διαμόρφωση επιπλέον προσωπικής εκτίμησης για τις τοπικές συνθήκες, ο Δοξιάδης επισκεπτόταν διερευνητικά τις χώρες όπου επρόκειτο να αναλάβει άμεσα κάποιο πρόγραμμα ή έργο. Στη διάρκεια αυτών των ταξιδιών, ερχόταν σε άμεση επαφή με τοπικούς παράγοντες, εκπροσώπους της ντόπιας κυβέρνησης και τα μέλη ξένων αποστολών τεχνικής βοηθείας, για να συζητήσει μαζί τους υπαρκτά προβλήματα και πιθανές λύσεις και να συγκεντρώσει διαθέσιμες εκθέσεις και στατιστικά στοιχεία, απαραίτητα για την εκπόνηση των μελλοντικών μελετών. Παράλληλα, επιζητούσε να έρθει σε άμεση επαφή με τον ίδιο τον τόπο και τους κατοίκους του, μετέχοντας σε οργανωμένες εκδρομές στην ενδοχώρα.

Ο Δοξιάδης δεν φαίνεται να είχε εξαρχής την πρόθεση να κρατήσει ημερολόγιο για τις επαφές και τις επισκέψεις που έκανε στα ταξίδια του. Εμπνεόμενος από τον Lawrence της Αραβίας, σε ένα ταξίδι στο Πακιστάν το φθινόπωρο του 1954, συνειδητοποίησε αυτή την ανάγκη και αποφάσισε να καταγράφει συστηματικά τις άμεσες αντιδράσεις του σε όσα έβλεπε και άκουγε. Εξαρχής θεώρησε πως τα ημερολόγιά του θα απευθύνονταν σε τρεις βασικούς αποδέκτες: εσωτερικά, προς τον ίδιο τον εαυτό του και προς όσους συνεργάτες του μετείχαν σε αυτά τα έργα, και εξωτερικά, προς τους εργοδότες του. Πίστευε ότι έτσι θα αποκτούσαν χαρακτήρα δημόσιων εγγράφων, καθώς θα ήταν διαθέσιμα σε κάθε ενδιαφερόμενο και θα είχαν άμεσα διδακτικό χαρακτήρα.

Η μορφή που πήραν αυτά τα ημερολόγια διαφέρει από τις τυπικές ταξιδιωτικές εντυπώσεις περιηγητών, παλιότερων και νεότερων. Εκτός από την περίπτωση της Ιορδανίας, που συνοδευόταν από τη γυναίκα του, την Εμμά Δοξιάδη, και όπου κρατούσε σημειώσεις σε μικρά μπλοκ, τα υπόλοιπα βασίζονται στην επιτόπου υπαγόρευση των εντυπώσεών του σε φορητό μαγνητόφωνο. Όλα τα ταξίδια του συνοδεύονται από δική του αποκλειστικά φωτογράφιση σε Α/Μ φιλμ 35mm. Όταν επέστρεφε στην Αθήνα, παρέδινε το υλικό για επεξεργασία σε μια γραμματέα του. Τα απομαγνητοφωνημένα κείμενα δακτυλογραφούνται σε σελίδες χαρτιού δακτυλογράφησης, αφήνοντας ενδιάμεσα κενά, για να επικολληθούν μετά οι τυπωμένες αντίστοιχες φωτογραφίες. Μετά την προσθήκη εκθέσεων, εισηγήσεων ή γνωμοδοτήσεων από διάφορους φορείς, οι οποίες είχαν σχέση με τα προγράμματα ανάπτυξης της κάθε χώρας, που συγκέντρωνε επιτόπου ο Δοξιάδης, το σύνολο των κειμένων δενόταν σε τυποποιημένου σχήματος και πάχους τόμο, ο οποίος έπαιρνε τη θέση του στη βιβλιοθήκη που βρισκόταν πίσω από το προσωπικό γραφείο του Δοξιάδη. Οι τόμοι αυτοί σήμερα φυλάσσονται ως διακριτή ενότητα στο Αρχείο Δοξιάδη.

Καταταγμένα χρονολογικά σε εννέα ενότητες, τα επιλεγμένα αποσπάσματα από τα ημερολόγια του Δοξιάδη για αυτή την έκδοση αναφέρονται στην περίοδο 1954-1956, όταν ο Δοξιάδης άρχισε να ταξιδεύει προς την Ινδία, τη Συρία, το Πακιστάν, την Ιορδανία και το Ιράκ. Σε αυτή την αρχική περίοδο, έρχεται για πρώτη φορά αντιμέτωπος με το τοπίο και τους ανθρώπους. Τα ταξίδια αυτά θα πρέπει να ήταν μια συγκλονιστική, αν και σχετικά γνώριμη, εμπειρία γι' αυτόν. Είχε συνηθίσει σε εικόνες καταστροφής και ερήμωσης από την Κατοχή και τον Εμφύλιο στην Ελλάδα, και εδώ, στις Ασιατικές χώρες της μεταποικιακής περιόδου, θα συναντούσε πάλι πρόσφυγες, φτώχια και ελλείψεις ακόμα και των πιο στοιχειωδών μέσων διαβίωσης. Άλλωστε, είχε επιλεγεί από τα Ηνωμένα Έθνη ακριβώς για τις ικανότητες που είχε δείξει στην αντιμετώπιση τέτοιων ακραίων καταστάσεων στη χώρα του, καθώς έπαιξε ουσιαστικό ρόλο στην ανασυγκρότησή της μετά τη γερμανική κατοχή. Τώρα θα έπρεπε να κάνει το ίδιο κάτω από εξίσου δυσμενείς, κάποτε και εξαιρετικά επικίνδυνες, πολιτικά ρευστές συνθήκες, όπως θα αποδεικνυόταν τα αμέσως επόμενα χρόνια.

Οι προσωπικές του αμφιβολίες για τον ρόλο που καλείται να παίξει είναι κάποτε έντονες: στο Καράτσι, το φθινόπωρο του 1954, θα ομολογήσει ότι νιώθει κατάθλιψη. Τα προβλήματα που έχει να αντιμετωπίσει μοιάζουν ανυπέρβλητα, και συχνά παραδέχεται πως δεν διαθέτει αρκετό χρόνο ή υπεύθυνη πληροφόρηση, ώστε να εμβαθύνει σε κρίσιμα ζητήματα.

Παρ' όλα αυτά, δεν παύει ποτέ να καταγράφει με ακόρεστη περιέργεια, με διεισδυτικές παρατηρήσεις, με ένα μυαλό που συνεχώς αναγάγει τα πάντα σε δυνητικά διδάγματα για τα έργα που έχει αναλάβει ή πρόκειται να αναλάβει. Είναι πάνω από όλα πρακτικός και ελεγχόμενα συναισθηματικός, κάτι που χαρακτηρίζει γενικότερα την ψυχοσύνθεσή του. Δεν επιτρέπει στον εαυτό του να παρασυρθεί από τη γοητεία του εξωτικού ή από την απώθηση που προκαλεί η εξαθλίωση. Αντίθετα, θέλει να κατανοήσει τα όσα βλέπει με βάση τις πανανθρώπινες ανάγκες, την έμφυτη απαίτησή του για τάξη και οργάνωση, το κύριο μέλημά του σε όλη του τη ζωή. Ιδίως, οραματίζεται το μέλλον. Εκεί είναι στραμμένα τα μάτια του, είτε επισκέπτεται ένα καινούριο συγκρότημα κατοικίας είτε ένα χωριό με λασπόχτιστα σπίτια. Δεν είναι τουρίστας, είναι ένας ταξιδευτής επαγγελματίας πολεοδόμος, προάγγελος ενός νέου γενναίου κόσμου. Τα ημερολόγιά του φανερώνουν αυτή την αινιγματική προσέγγιση σε τόπο και χρόνο σε όλη της την έκταση.

Σε γενικές γραμμές, οι καταχωρίσεις του ακολουθούν δύο ρυθμούς: εκείνον της διαρκούς μετακίνησης, καθώς διέσχιζε τη χώρα που κάθε φορά επισκεπτόταν, με τις εναλλαγές συχνά στιγμιαίων εντυπώσεων, και έναν πιο ράθυμο, της περισυλλογής και της αναδρομής σε πρόσφατες εμπειρίες, που του επέτρεπε η κάθε ενδιάμεση στάση του. Αν και για πρακτικούς λόγους έγιναν περικοπές στα κείμενα των ημερολογίων, ελπίζουμε πως καταφέραμε να διατηρήσουμε αυτούσιο το πνεύμα των πιο παραστατικών περιγραφών, αποφεύγοντας τις εκτενείς αναφορές σε εξειδικευμένα τεχνικά και προγραμματικά δεδομένα. Η γραφή του Δοξιάδη είναι ατημέλητη, συντομογραφική. Υπαγορεύει κυρίως στα αγγλικά (εδώ, σε μετάφραση από τον επιμελητή). Δεν φροντίζει την καλλιέπειά του ούτε επιστρέφει στο γραπτό του κατόπιν, για να το βελτιώσει. Υπάρχει μία μόνο εξαίρεση η οποία φανερώνει πρόθεση λογοτεχνικής φροντίδας: η περιγραφή των σκέψεών του μια νύχτα που έμεινε άγρυπνος, ακούγοντας τη μουσική από ένα γαμήλιο γλέντι στο Καράτσι, τον Οκτώβριο του 1954.

Οι ταξιδιωτικές εντυπώσεις του Δοξιάδη έχουν για μας ιδιαίτερη αξία: εκφράζουν άμεσα, χωρίς διαμεσολάβηση και σκοπιμότητες, το πώς σκέπτεται, το πώς βλέπει τον κόσμο γύρω του. Το ίδιο κάνουν και οι φωτογραφίες του: είναι προέκταση του βλέμματός του, ισοδυναμούν με βλεφάρισμό του ματιού του, καθώς μπροστά του εναλλάσσονται με μεγάλη ταχύτητα οι εντυπώσεις από αυτό τον άγνωστο κόσμο που αντικρίζει.

Και στο βάθος, ακόμα αδιόρατα, επεξεργάζεται το πιο σημαντικό ίσως βιβλίο του, το *Architecture in Transition*, το οποίο θα κυκλοφορήσει σε λιγότερο από μια δεκαετία (1963). Πόσες από τις κεντρικές του ιδέες, αλήθεια, γεννήθηκαν σε αυτά τα ταξίδια; Πόσα εμπνεύστηκε, παρατηρώντας αυτούς τους άγνωστους κόσμους, αυτούς τους λαούς τούς τόσο άρρηκτα δεμένους με τον τόπο τους; Τώρα μόνο, εκ των υστέρων, μπορούμε, ως ένα βαθμό, να κάνουμε τέτοιες εκτιμήσεις.

Από τους τόπους που επισκέφτηκε ο Δοξιάδης πριν από 60 χρόνια, ορισμένοι, κυρίως στη Μέση Ανατολή, βρίσκονται σήμερα σε

Another one is a health station with a small garden
in front of it, (8.28)

and another one, we are told, is a house for some of the
officials of these buildings. (8.29)

The population of Sheikh Nasr does not justify the
existence of such a school and health centre. We enquire and
we learn that this is really a centre for the whole area
around of it. It seems that at a distance of a few kilometres
round this centre there are big farms where a total of
3,000-4,000 people may live. All these farms are surrounded
by this new centre.

This is a characteristic example I think of a situa-
tion which we may find in the big planes of this area, at
least of Baghdad. We should pay special attention to the
creation of such centres. Once we start building a school
and a health centre it is reasonable to expect to have other
functions coming close to them and later we may witness the
movement of peasants towards this centre. How is this move-
ment going to affect the life in the countryside and the farm
pattern of settlements? This is one of our major problems in
this part of the country. We must carry out a special study
of this problem and keep it always in mind when we cross the
countryside. We will have to discuss it with the experts of
agriculture.

εμπόλεμες ζώνες, και μερικές φορές τα υλοποιημένα έργα που άφησε πίσω του αναγνωρίζονται με δυσκολία. Όμως το όνομά του μνημονεύεται ακόμα με σεβασμό στο Πακιστάν, όπου σχεδίασε τη νέα πρωτεύουσα, το Ισλαμαμπάντ. Και σε όποιον δοθεί η ευκαιρία να επισκεφθεί ειδικά αυτή τη χώρα, θα διαπιστώσει ότι οι περιγραφές και οι εντυπώσεις του Δοξιάδη του '50 ισχύουν και σήμερα σε μεγάλο βαθμό. Ο ρυθμός ζωής των σκόρπιων αγροτικών πληθυσμών στην αχανή ύπαιθρο του Ινδού ποταμού ή των λαϊκών στρωμάτων στις μεγαλουπόλεις των δέκα και είκοσι εκατομμυρίων κατοίκων, τη Λαχόρη και το Καράτσι, αν και έχουν μεσολαβήσει τόσες αλλαγές, διατηρείται απίστευτα αναλλοίωτος.

Απόγονοι ενός πανάρχαιου πολιτισμού, οι πολύβουες μάζες των ανθρώπων που κινούνται μέσα στο σκονισμένο τοπίο, μόλις στο όριο της επιβίωσης, σήμερα με ένα κινητό στο χέρι, εκφράζουν έναν δυναμισμό που σίγουρα θα εντυπωσίαζε τον Δοξιάδη, όπως και κάθε σύγχρονο επισκέπτη. Οι δικές του αμφιβολίες για τον άνωθεν ρόλο που μπορεί να παίξει εδώ ένας πολεοδόμος με δυτική παιδεία, που δεν μπορεί να είναι πια κατακτητής όπως ο Μέγας Αλέξανδρος ή ο Ακμπάρ, για να επιβάλει μια νέα τάξη πραγμάτων, εξακολουθούν να υπάρχουν, αν δεν έχουν ήδη ξεπεραστεί από τα ίδια τα πράγματα.

Ευχαριστώ την οικογένεια Δοξιάδη που μου επέτρεψε να επεξεργαστώ το υλικό των ημερολογίων του Δοξιάδη και την κυρία Γιώτα Παυλίδου, βιβλιοθηκονόμο του Αρχείου Δοξιάδη, που με καθοδήγησε στην ανακάλυψη και μελέτη τους. Ευχαριστώ επίσης τους ανθρώπους της «Μέλισσας» που πάντα βρίσκουν, σε τόσο δύσκολους καιρούς, τον τρόπο να γίνουν τα όνειρα βιβλία.

Δημήτρης Φιλιππίδης

ΗΜΕΡΟΛΟΓΙΟ ΤΗΣ ΙΝΔΙΑΣ

Ιανουάριος - Φεβρουάριος 1954[1]

Αυτές είναι σημειώσεις από το ημερολόγιο που είχα κρατήσει, όταν ταξίδευα στην Ινδία το 1954. Στόχος μου ήταν να τις μεταφέρω εδώ, μαζί με συνοδευτικές και επεξηγηματικές φωτογραφίες επάνω σε θέματα που σχετίζονται με αυτές, ώστε να προσφέρω υλικό και πληροφόρηση για ιδέες κι απόψεις που εκφράστηκαν στα ημερολόγια του 1955. Διατήρησα πολύ σύντομες τις σημειώσεις που αφορούν τις διαφορετικές ομάδες φωτογραφιών, για να διευκολύνω τον αναγνώστη να συγκεντρωθεί στα κύρια θέματα ενδιαφέροντος που σχετίζονται με σημερινά προβλήματα. Οπότε, αυτός ο τόμος παίρνει τη μορφή «σύντομες σημειώσεις πάνω σε συμπεράσματα που μπορούν να εξαχθούν, εξετάζοντας διάφορα θέματα της Ινδίας σχετικά με την κατοικία». Αυτές οι σημειώσεις πρέπει να ιδωθούν μόνο ως κάτι τέτοιο και όχι ως πλήρες ημερολόγιο.

Ι ΤΟ ΙΝΔΙΚΟ ΧΩΡΙΟ. Μου δόθηκε η ευκαιρία να επισκεφθώ πολλά χωριά στον δρόμο νότια του Δελχί (Delhi), προς Άγκρα (Agra) και Φατεχπούρ Σικρί (Fatehpur Sikri), και βόρεια, από Δελχί προς Sikri Bhakra. (Εντυπωσιάστηκα από κάποια χαρακτηριστικά, τα οποία θα μπορούσαμε να πούμε ότι είναι κοινά –από ό,τι είδα και σε άλλες περιοχές της Ινδίας– στα σημαντικότερα ινδικά χωριά, και αν όχι σε όλα, τουλάχιστον στην πλειονότητα όσων βρίσκονται στο βόρειο τμήμα της χώρας).

Η κατοικία σχεδιάζεται έτσι ώστε να δημιουργείται πάντα μια αυλή [εικ. 1]. Τα σπίτια με πιο δαπανηρή κατασκευή από τούβλα [εικ. 2] έχουν μια κάπως μνημειακή θύρα προς τον δρόμο, ενώ τα άλλα χτίζονται με πλίθρες. Τα σπίτια προστατεύονται συχνά από μια βε-

ράντα, και όταν αυτή δεν υπάρχει, τότε χρειάζεται να βρεθούν άλλοι τρόποι για να προστατευθούν, για παράδειγμα, κρεμώντας κουρτίνες μπροστά από τις θύρες. Σε πολλές περιπτώσεις χρησιμοποιούν χώρους που στεγάζονται, οι οποίοι όμως είναι εντελώς ανοιχτοί από τη μια πλευρά, σαν μεγάλες σκεπαστές βεράντες.

Πολλά σπίτια διαθέτουν μικρούς ναούς ή σημεία προσευχής στις αυλές τους [εικ. 3]. Οι γυναίκες αναλαμβάνουν τη διακόσμηση και βάφουν τους λασπότοιχους με ασβέστη, με μια τεχνική που θυμίζει τις απεικονίσεις που έχουν τα κεντήματά τους [εικ. 4].

Πρόσφατα εμφανίστηκε η τάση να χρησιμοποιείται συχνότερα τσιμέντο στα χωριάτικα σπίτια. Τούβλα ή άλλα είδη κατασκευής πολύ συχνά επιχρίζονται με τσιμέντο, ενώ τα διάφορα διακοσμητικά μέλη κατασκευάζονται από τσιμέντο, το οποίο αντικαθιστά την πέτρα. Μια συνηθισμένη πηγή για έτοιμα τούβλα είναι ένα μικρό παλιό μνημείο που βρίσκεται κοντά στο χωριό [εικ. 5]. Το νερό αντλείται από πηγάδια με διάφορους πρωτόγονους τρόπους και μεταφέρεται από τις γυναίκες, όπως γίνεται και με άλλες προμήθειες [εικ. 6].

Η αγροτική οικογένεια χρησιμοποιεί την οροφή του σπιτιού της όχι μόνο για ύπνο αλλά επίσης για παιχνιδότοπο, βεράντα, μπαλκόνι κ.λπ. Με αρχιτεκτονικούς όρους, τα πιο ενδιαφέροντα σημεία του χωριού και της περιοχής είναι οι μικροί ναοί με τα συγγενικά τους κτίσματα ή το κτήριο της κοινότητας. Σε τέτοιους τόπους μπορούμε να δούμε την εναρμόνιση της αρχιτεκτονικής με το τοπίο.

❙ Η ΖΩΗ ΣΤΙΣ ΛΕΩΦΟΡΟΥΣ. [...] Για την ώρα, το κυρίαρχο στοιχείο στις λεωφόρους της ινδικής υποηπείρου δεν είναι το αυτοκίνητο αλλά το κάρο [εικ. 7], το υποζύγιο και ιδιαίτερα ο πεζός. Πάνω σε αυτές

5

6

7

8

τις λεωφόρους παρέχεται νερό και ανάπαυση στα καραβάνια: στο ύπαιθρο ή σε μικρά παρόδια πανδοχεία [εικ. 8]. Σε αυτές τις λεωφόρους, μερικές από τις οποίες κατασκευάζονται τώρα, τα παλιά και τα νέα μέσα κυκλοφορίας χρειάζεται να περιμένουν με τις ώρες, αν όχι μέρες, και όταν έρχονται οι βροχές, είναι απαραίτητη η χρήση μηχανημάτων, για να ξεκολλήσουν από τις λάσπες. Τότε είναι που οι άνθρωποι πρέπει να περιμένουν υπομονετικά να αλλάξει ο καιρός.

Το στοιχείο του χρόνου εδώ παίρνει άλλη σημασία. Καθώς οδηγούμε πάνω σε αυτές τις λεωφόρους, μπορούμε να αποκτήσουμε μια εικόνα της φτώχιας αυτής της χώρας και να τη συγκρίνουμε με τα μεγάλα μνημειακά κτήρια και ανάκτορα [εικ. 9] που συχνά εμφανίζονται σε τουριστικούς οδηγούς, αλλά η απόσταση ανάμεσα σε αυτά τα μνημεία και την πραγματική ζωή είναι τεράστια, καθώς, όσο εντυπωσιακά κι αν είναι, είναι ελάχιστα σε σύγκριση με έναν τέτοιο κολοσσιαίο πληθυσμό.

Πάνω στις λεωφόρους της Ινδίας είδα πόσο φροντίζουν τα νεαρά δέντρα, και στις ίδιες περιοχές αναρωτήθηκα για την έλλειψη ισορροπίας που υπάρχει ανάμεσα στα μέτρα που λαμβάνονται για

11

12

13

τα νεαρά δέντρα και τα μέτρα που λαμβάνονται για τους νέους αν-
θρώπους. [...]

❙ ΤΟ ΔΕΛΧΙ. Περπατώντας μέσα στην πόλη του Δελχί, είχα την ευ-
καιρία να δω πόσο δύσκολη είναι η προσαρμογή των μορφών της
εισαγόμενης αρχιτεκτονικής στον τρόπο ζωής του ινδικού έθνους
[εικ. 10].

Ι Η ΣΑΝΤΙΓΚΑΡ (CHANDIGARH). Είναι εντυπωσιακό να βλέπει κανείς το πώς ζουν σήμερα οι εργάτες αυτής της νέας κολοσσιαίας δημιουργίας [εικ. 11]. [...] Εδώ γεννιέται μια πόλη με κάθε έννοια της λέξης. Οι άνθρωποι συρρέουν εδώ από την ύπαιθρο [εικ. 12, 13]. [...]

Ι BHAKRA NANGAL. Για την κατανόηση των ιδιαίτερων προβλημάτων της Ινδίας είναι χρήσιμη η επίσκεψη κολοσσιαίων έργων, όπως είναι το υδροηλεκτρικό πρόγραμμα του φράγματος του Bhakra Nangal. Εδώ μπορεί να δει κανείς την ανθρώπινη προσπάθεια και τις μεθόδους που χρησιμοποιούνται για την κατασκευή ενός τόσο τεράστιου έργου. Σε τέτοιες περιστάσεις καταλαβαίνουμε την ύπαρξη του απεριόριστου εργατικού δυναμικού, καθώς και τη χα-

14

μηλού επιπέδου εξειδίκευση αυτού του εργατικού δυναμικού στη χρήση των μέσων που απαιτούνται [εικ. 14]. Στο Bhakra Nangal είδα διάφορους τύπους σπιτιών που είχαν χτιστεί για τους εργάτες των έργων της περιοχής. Η σύγκριση ανάμεσα στους πιο συντηρητικούς τρόπους σκέψης για την κατοικία, όπως εφαρμόστηκαν εδώ, και τους πιο προοδευτικούς, που εφαρμόστηκαν στη Σαντιγκάρ, είναι πολύ ενδιαφέρουσα.

Ι ΦΑΤΕΧΠΟΥΡ ΣΙΚΡΙ (FATEHPUR SIKRI). Σε αυτή την εγκαταλειμμένη πόλη μού δόθηκε η ευκαιρία, περισσότερο από οποιαδήποτε άλλη περιοχή, να μελετήσω το είδος των αρχιτεκτονικών λύσεων που επινοήθηκαν από τους αρχιμάστορες του παρελθόντος για καλύτερη διαβίωση. Σε αυτή την πόλη μπόρεσα να αναγνωρίσω ότι η συνηθισμένη διάκριση ανάμεσα σε τρεις τύπους ζωτικών χώρων (γνώριμος τύπος δωματίων, ημιυπαίθριοι χώροι ή βεράντες και ανοιχτές αυλές) θα χρειαστεί να αυξηθεί σε πέντε τύπους χώρου: δωμάτια χωρίς παράθυρα αλλά μόνο με μικρή θύρα, δωμάτια με παράθυρα και θύρα, δωμάτια με μεγάλες θύρες σε διάφορα σημεία, βεράντα και αυλή.

Στο Φατεχπούρ Σικρί βρήκα τις πιο εντυπωσιακές μνημειακές διατάξεις μεγάλων πλατειών, που περιείχαν και μερικά δέντρα φυτεμένα σε κατάλληλα από αρχιτεκτονική άποψη σημεία [εικ. 15]. Επίσης, εδώ συνάντησα πολύ εκτεταμένη τη χρήση δημόσιων πλατειών για την ανέγερση τάφων διαφόρων ατόμων δίπλα σε τάφους σημαντικών προσώπων. Εδώ μπορούμε να δούμε την πιο θαρραλέα σύνθεση κτηρίων και μνημείων διαφορετικών σχημάτων και μεγεθών [εικ. 16] γύρω από μεγάλους ανοιχτούς χώρους.

Εδώ είναι που μπορούμε να δούμε τα πιο εντυπωσιακά περι-
γράμματα στον ορίζοντα (φρούρια) και τις πιο λεπτεπίλεπτες λε-
πτομέρειες της αρχιτεκτονικής. Εδώ, επίσης, μπορούμε να δούμε την
πιο θαρραλέα χρήση νερού σε μια συνολική σύνθεση, καθώς και τη

χρήση διαφορετικών επιπέδων για τη δημιουργία καλύτερων χώρων και καλύτερης αρχιτεκτονικής αίσθησης [εικ. 17].

Ι ΑΓΚΡΑ (AGRA). Ο ταξιδιώτης που πηγαίνει προς την Άγκρα προετοιμάζεται σταδιακά από τα μικρά μνημεία που συναντά στον δρόμο για τα μεγάλα μνημεία που θα δει στο τέλος της διαδρομής [εικ. 18]. Κατόπιν, μια σειρά από σημαντικά μνημεία και κτήρια εμφανίζονται πριν μπει κανείς στην πόλη της Άγκρα [εικ. 19, 20]. Στις αυλές μερικών από αυτά τα κτίσματα θα συναντήσει πολλούς πι-

21

θήκους και παιδιά που παίζουν μαζί τους με πολύ φιλικό τρόπο, άλλο ένα σημάδι της στενής σχέσης που υπάρχει ανάμεσα στα διάφορα στοιχεία της φύσης [εικ. 21].

Προχωράμε προς τον μεγάλο τάφο. Η διαδοχή των εντυπώσεων που δέχομαι από την εξωτερική θύρα ως τον εσωτερικό τάφο με τις λεπτές διακοσμήσεις του μου κεντρίζει το ενδιαφέρον [εικ. 22, 23].

Στην Άγκρα είναι που έχω πάλι την εντύπωση ότι η επίσημη ιστορία της τέχνης, η οποία παρουσιάζει με έμφαση ελάχιστα μνημεία, δίνει τη λάθος αίσθηση της πραγματικής αρχιτεκτονικής και της τεχνολογίας μιας χώρας και μιας εποχής. Όταν είδα το Ταζ Μαχάλ (Taj Mahal), πείστηκα για άλλη μια φορά για το πόσο λάθος είναι οι διδασκαλίες της ιστορίας της αρχιτεκτονικής. Το κυρίως

μνημείο δεν είναι εξίσου σπουδαίο όσο το σύνολο του περιβάλλοντός του, ενώ ορισμένα από τα βοηθητικά κτήρια είναι πολύ πιο σημαντικά από κάθε άποψη σε σχέση με το ίδιο το κυρίως μνημείο. Πάνω σε αυτό το θέμα ετοιμάζω ένα πιο εκτενές σημείωμα με υποστηρικτικές φωτογραφίες.

Ι ΤΟ ΚΟΚΚΙΝΟ ΦΡΟΥΡΙΟ ΣΤΟ ΔΕΛΧΙ (RED FORT). Πρόκειται για μια πιο ακαδημαϊκή δημιουργία σε σύγκριση με το Φατεχπούρ Σικρί. Ακόμα κι από το εξωτερικό του μπορούμε να καταλάβουμε τον πιο ακαδημαϊκό τρόπο κατασκευής των τειχών, αλλά και μετά,

περνώντας από τις διάφορες αυλές του, μπορούμε να δούμε ότι πολλά κτήρια είναι πιο ευφάνταστα από κάποια άλλα [εικ. 24].

Σε αυτά τα κτήρια, και ιδιαίτερα στα κυριότερα από αυτά, κοιτάζοντας στα ανατολικά προς την παλιότερη κοίτη του ποταμού, μπορούμε να δούμε μερικούς από τους πιο όμορφους εσωτερικούς χώρους και μερικές από τις καλύτερες λύσεις για τη διάταξη δωματίων προσαρμοσμένων στο κλίμα της περιοχής. Σε αυτά τα κτήρια μπορούμε επίσης να δούμε μερικές από τις πιο πολυτελείς εσωτερικές διαμορφώσεις [εικ. 25-27].

Στο Κόκκινο Φρούριο είχα την ευκαιρία να δω την αλληλοσυσχέτιση αρχιτεκτονικής με κήπους, όπως μάλλον ήταν η πρόθεση των αρχιμαστόρων εκείνης της εποχής, καθώς και πολλούς συνδυασμούς από σχετικά μικρά κτήρια που μοιάζουν με περίπτερα.

26

27

ΗΜΕΡΟΛΟΓΙΟ ΤΗΣ ΣΥΡΙΑΣ

Φεβρουάριος - Απρίλιος 1954[2]

24.2.1954

▌ΧΟΜΣ (HOMS). [...] Πολύ παλιά πόλη. Βλέπω τα πολύ παλιά σοκάκια κι έχω την εντύπωση (να το εξακριβώσω μόνο) πως ενώ σήμερα ξέρουμε μέσα στην πόλη δύο τύπους χώρων, κοινόχρηστους και ιδιωτικούς, αυτές οι πόλεις έχουν και μια τρίτη κατηγορία: το στενό αδιέξοδο σοκάκι που εξυπηρετεί από δύο έως δέκα οικογένειες, πλάτους 1-2 μ., λιθόστρωτο και συχνά περιποιημένο. Μήπως θα πρέπει να το διατηρήσουμε και να μεγαλώσουμε τα μεγέθη των τετραγώνων μας; Έτσι θα έχουμε σημαντική οικονομία [...].

26.2.1954

▌ΕΠΙΣΚΕΨΗ ΛΙΜΝΗΣ RONDJ. Σε όλη τη διαδρομή από το Χαλέπι (Aleppo) ως τη Rondj βλέπουμε μόνο χωριά με θόλους [εικ. 28]. Πότε πότε σε κάποιο χωριό υπάρχει κι ένας ασβεστόχριστος θόλος. Τι είναι; Μνημείο ή τζαμί; Αλλά έχει ίδιο μέγεθος με τους άλλους. [...]

▌ΚΑΙΝΟΥΡΙΑ ΑΣΤΙΚΑ ΣΠΙΤΙΑ ΣΤΟ ΙΝΤΛΕΜΠ (INTLIB). Η κατασκευή και η αρχιτεκτονική είναι πολύ κακές [εικ. 29]. [...]

28

29

5.3.1954

▌ΔΑΜΑΣΚΟΣ–ΣΕΪΝΤΑΝΑΓΙΑ (SAID NAYA). Κάναμε τη διαδρο-
μή ως το μοναστήρι της Παναγίας της Σεϊντανάγιας και είδαμε πολ-
λά χωριά. Στις ορεινές περιοχές και στους λόφους τα χωριά είναι
χριστιανικά. Όλα τα σπίτια είναι χτισμένα με πέτρα, δεν υπάρχει
τοίχος από χώμα. Στέγες επίπεδες με κάλυψη από 30-40 εκ. χώμα
–χρησιμοποιείται κύλινδρος σε όλα τα σπίτια για επίστρωση. Σε με-
ρικά η κατασκευή είναι πολύ καλή με λαξευτή πέτρα, ωραίες πόρ-
τες, κ.λπ. Κάτοψη: συνήθως μια σειρά δωματίων.

Στη Σεϊντανάγια είχαν και τζάκια σε μια γωνιά. Μερικά σπίτια είχαν και σόμπες στη μέση με μπουριά. Το τζάκι κατέληγε επάνω στη στέγη σε κόλουρο κώνο ύψους 30 εκ. Σε λίγα σπίτια υπήρχε επίστρωση τσιμέντου πάνω από το χώμα και σε λίγα πλάκα μπετόν [εικ. 30-32].

6.3.1954

Ι ΣΥΖΗΤΗΣΗ ΚΑΙ ΠΕΡΙΟΔΕΙΑ ΣΤΗ ΔΑΜΑΣΚΟ ΜΕ ΤΟΝ WAHBE.
Η Δημαρχία κάνει πολλή δουλειά σε νέες κυρίως διανοίξεις και οδοποιία [εικ. 33]. Προχωρώντας βλέπουμε το μεγάλο τζαμί της Δαμασκού [εικ. 34]. [...] Άλλο ένα τζαμί στη Δαμασκό [εικ. 35].
Μετά πηγαίνουμε στην περιοχή προσφύγων της Παλαιστίνης. Οι πρόσφυγες μένουν σε μονώροφα χαμηλά δωμάτια από πλίθρες, που τα έχτισαν μόνοι τους σε δημόσια οικόπεδα αλλά και σε προβλεπόμενους δρόμους που τους έδωσε η Δημαρχία. Τα υλικά τούς τα έδωσε η UNRRA[3]. Πρόκειται για περιοχή προσφύγων έξω από το τείχος της Δαμασκού [εικ. 36]. [...] Μερικοί μένουν ακόμα και σε σκηνές –οι συνθήκες είναι πολύ άσχημες [εικ. 37]. [...] Γυρίζοντας την πόλη βλέπω ότι σε πολλά κτήρια του κέντρου χρησιμοποιούνται τσιμεντόλιθοι για τα εσωτερικά χωρίσματα και συχνά για εξωτερικούς τοίχους.
Μετά περνάμε από την περιοχή των σπιτιών που χτίστηκαν παράνομα εκτός σχεδίου. Είναι όλα χτισμένα χωρίς άδεια και οι αρχές θέλουν να τα κατεδαφίσουν, όταν μπορέσουν. Κτίζονται από μαυραγορίτες μικροεργολάβους και πουλιούνται αμέσως με ιδιωτικά συμφωνητικά για 1.500-2.000 συριακές λίρες. Ο Δήμος δεν τα ανα-

γνωρίζει ούτε εγγράφονται στις μεταβιβάσεις. Εντούτοις, όταν έρθει στιγμή να αναπτυχθεί η περιοχή, αποζημιώνουν τους ενοίκους για την αξία τους, αν και δεν αναγνωρίζουν ότι τους δίνουν χρήματα έναντι της παράνομης οικοδομής αλλά ως δωρεά. Υπολογίζεται ότι 5.000-6.000 άτομα κατοικούν σε τέτοια σπίτια. Κατά τη γνώμη μου πρέπει να είναι περισσότερα. Αποτέλεσμα της παράνομης αυτής ενέργειας και της παραγνώρισής τους είναι ότι χτίζονται σπίτια σε δρόμους πλάτους 2 μ. με δυσμενέστατες συνθήκες [εικ. 38].

Είδαμε την περιοχή στην οποία ο Δήμος επέτρεψε τετραώροφα και προέτρεψε την κατασκευή στοίχων. Κόστισαν 90-100 συριακές λίρες το τ.μ. έναντι 130-150 συριακών λιρών το τ.μ. για τις κατασκευές πολυτελείας. Ο κόσμος δεν ικανοποιείται με στοίχους, θέλει μεμονωμένες κατοικίες για μεγαλύτερη ανεξαρτησία των οικογενειών. Ωστόσο, κτίζουν ανεξάρτητες μονοκατοικίες και τριώροφα-τετραώροφα με 6-8 κατοικίες [εικ. 39]. [...]

9.3.1954 ΕΠΙΣΚΕΨΕΙΣ ΣΤΑ NEF PROJECTS[4] ΤΗΣ ΓΚΟΥΤΑ (GHOUTA)
Ι ΧΩΡΙΟ NASHABEYEH[5]. Μετά περνάμε από άλλο χωριό, το Nash-abeyeh. Εδώ το εισόδημα είναι πολύ χαμηλότερο. Το μέσο εισόδημα είναι 600 συριακές λίρες. Όλες οι τάξεις ενδιαφέρονται να διδαχθούν σε ό,τι μπορούν. Όσο πιο φτωχοί είναι οι άνθρωποι τόσο πιο συνδεδεμένοι με την παράδοση είναι. Αλλά μπορεί να αντιδράσουν ανάλογα με τον χαρακτήρα τους κι όχι με το εισόδημά τους.

Στο Sakba[6] η νοοτροπία, η μακρά παράδοση γειτνίασης και επαφής με την πόλη καθιστά τους κατοίκους πιο προοδευτικούς. Οι βεδουίνοι είναι πολύ πιο συντηρητικοί. Σε αυτή την περιοχή υπήρ-

39

41

40

χαν βεδουίνοι μια-δυο γενιές πριν. Θεωρούν ότι καλύτερο είναι εκείνο το πρόγραμμα που αυξάνει το εισόδημα και προσφέρει στους ανθρώπους επαγγελματική και πρακτική εκπαίδευση. Τώρα ζητούν πριν απ' όλα περισσότερο νερό. Θέλουν να ανοίξουν πηγάδια και η NEF θα τους δώσει δάνειο, καθώς και αυτοκίνητο για να μεταφέρουν τα προϊόντα τους στην πόλη. Ζητούν καλύτερους δρόμους και καλύτερα σπίτια. Μαζεύουν χρήματα και τα δίνουν στον Δήμο [εικ. 40, 41].

10.3.1954 ΔΙΑΔΡΟΜΗ ΠΡΟΣ ΝΟΤΟ ΣΤΗΝ ΠΕΡΙΟΧΗ ΤΟΥ ΧΟΥΡΑΝ (HAURAN)

▌KHAN DANUN. Το Khan Danun βρίσκεται σε απόσταση 20 χλμ. στα νότια της Δαμασκού. Παλιά ήταν χάνι τώρα, όμως, έχει γίνει συνοικισμός προσφύγων με αχυροκαλύβες και μερικές σκηνές [εικ. 42]. [...]

▌ES-SANAMEYN. Φθάνουμε στο Es-Sanameyn, που στα αραβικά σημαίνει δύο αγάλματα. Έχει 3.000 κατοίκους –όλο το κέντρο διοικήσεως περιλαμβάνει 30.000 ανθρώπους. Περνάμε από τους δρόμους του Es-Sanameyn [εικ. 43]. [...] Παντού υπάρχουν ρωμαϊκά κατάλοιπα από ντόπια πέτρα. Ένα τζαμί είναι κολλητό σε έναν παλιό ελληνορωμαϊκό ναό [εικ. 44]. [...] Ο μόνος χριστιανός κάτοικος είναι ένας Αρμένιος πρακτικός γιατρός. Οι παρακάτω φωτογραφίες δείχνουν το σπίτι του με την ωραία λιθόστρωτη αυλή [εικ. 45]. [...]

▌KHAN ESHEIEH. Φθάνουμε στο Khan Esheieh, σε απόσταση 23 χλμ. πριν από τη Δαμασκό. Είναι ένας μεγάλος προσφυγικός συνοικισμός και έχει ίσως και 1.000 σπίτια μονόχωρα, καμωμένα με πλίθρες, κεκλιμένες στέγες με λαμαρίνες και πέτρες, για να τις στηρίζουν [εικ. 46]. [...]

16.3.1954 ΠΕΡΙΟΔΕΙΑ ΠΡΟΣ ΤΑ ΣΥΝΟΡΑ ΛΙΒΑΝΟΥ

▌ΧΩΡΙΑ ΣΤΗΝ ΚΟΙΛΑΔΑ ΤΟΥ ΠΟΤΑΜΟΥ BARADA. [...] Συναντάμε ένα άλλο χωριό, ορεινό, το Ashrafiye Tilnadi. Ομάδα σπιτιών στην είσοδο του χωριού [εικ. 47].

19.3.1954[7]

❚ ΛΙΒΑΝΟΣ – ΣΥΡΙΑ. Φεύγουμε από τη Βηρυτό για τον βορρά. Περνάμε από διάφορα χωριά κοντά στα σύνορα. Στη διαδρομή βλέπουμε συνεχώς μεγάλα πέτρινα σπίτια. Οι τοίχοι και οι πλάκες είναι από μπετόν. Οι στέγες πολύ συχνά έχουν κεραμίδια. Ουσιαστικά δεν συγκροτούν χωριά [εικ. 48, 49]. [...]

❚ ΤΑΡΤΟΥΣ (TARTOUS). Μπαίνουμε στην Ταρτούς, μια πόλη με 18.000 κατοίκους. Η παλιά πόλη είναι ένα με το κάστρο. Πήρα φωτογραφίες σπιτιών μέσα στο κάστρο γύρω από την κεντρική του πλατεία. Έξω από το κάστρο τα σπίτια είναι διώροφα, υπάρχουν όμως και λίγα τριώροφα και τετραώροφα [εικ. 50]. [...] Ο ναός των Ιπποτών [εικ. 51]. [...]

❚ ΕΠΙΣΚΕΨΗ ΠΑΛΙΑΣ ΠΟΛΗΣ ΤΗΣ ΛΑΤΑΚΙΑΣ (LATAKIA). Η πόλη χωρίζεται σε συνοικίες, με επικεφαλής μουχτάρηδες διορισμένους από την κυβέρνηση. Πάνω από το μισό του πληθυσμού ζει μέσα στην παλιά πόλη. Τα περισσότερα σπίτια είναι χτισμένα πάνω σε παλιά ρωμαϊκά μεσαιωνικά τείχη, υγρά και ανθυγιεινά. Οι δρόμοι είναι στενοί, και δεν επιτρέπονται αυτοκίνητα. Στην παλιά πόλη, ένα δωμάτιο ισόγειο και ανθυγιεινό νοικιάζεται 50 συριακές λίρες τον χρόνο με ενοικιοστάσιο και 100 λίρες χωρίς. Στο πρώτο πάτωμα το νοίκι είναι 200 λίρες. [...] Ακριβώς έξω από την παλιά πόλη υπάρχουν καινούρια, φτηνά χτισμένα σπίτια. Το νοίκι για δύο δωμάτια και κουζίνα είναι 800-1.000 συριακές λίρες [εικ. 52]. [...]

48

49

50

51

52

I ΧΩΡΙΑ ΠΡΟΣ ΤΟ ΧΑΛΕΠΙ (ALEPPO). [...] Κατεβαίνουμε από τους λόφους. Στους πρόποδες βλέπουμε το χωριό Ματρούμι (Matroumi). Το ένα δέκατο των σπιτιών είναι κυψελωτά. Φεύγοντας από εκεί, συναντάμε λίγα κυψελωτά σπίτια. Φτάνουμε στην Ιντλέμπ, την πόλη με τα χαρακτηριστικά πέτρινα-μπετόν σπίτια, καθόλου κυψελωτά. Στη συνέχεια συναντάμε λόφους και βράχους. Τα χωριά έχουν και πάλι πέτρινους τοίχους και επίπεδες στέγες. Η κατασκευή των σπιτιών αλλάζει εντελώς και γίνεται μόνο κυψελωτή μετά τη συμβολή των εθνικών οδών. Το χωριό Ταφτανάζ (Taftanaz) είναι το πρώτο καθαρά κυψελωτό. Από εκεί κι έπειτα βρίσκουμε μόνο κυψελωτά σπίτια [εικ. 53]. [...]

Συνεχίζουμε ως τη συμβολή της οδού προς την Αντιόχεια. Οι κυψέλες συνεχίζονται έως ότου φθάνουμε και πάλι σε βραχώδες έδαφος και χθαμαλούς λόφους, οπότε μετά το χωριό Αταρέμπ (El Atareb) αρχίζουν οι επίπεδες στέγες και οι πέτρινοι τοίχοι ως τον Άγιο Συμεών. Συνεχίζουμε σε έναν παλιό δρόμο προς τον Άγιο Συμεών [εικ. 54]. Στην περιοχή του βουνού Jabel Samaan, που σημαίνει βουνό του Συμεών, υπάρχουν 200 νεκρές πολιτείες σε μικρές αποστάσεις μεταξύ τους.

Η αρχιτεκτονική αποτελεί μετάβαση από την αρχαία ελληνορωμαϊκή στη βυζαντινή. Όλα τα σπίτια είναι χτισμένα με πέτρα, κατά την κλασική παράδοση, αλλά οι μορφές είναι ποικίλες και πρωτότυπες, και σε κάτοψη και σε πρόσοψη.

Σκέπτομαι πως ίσως εδώ δημιουργήθηκε η νέα τέχνη, γιατί αυτές οι περιοχές δεν είχαν πριν κτίσματα, για να μετατραπούν σε χριστιανικά (όπως ο Παρθενώνας), και, βέβαια, χρησιμοποίησαν πέτρα

και λόγω παράδοσης, αλλά και γιατί χτίσθηκαν όλα σε βουνά (όπως εδώ), όπου η πέτρα ήταν άφθονη.

Προς τα εκεί τραβούσαν οι αναχωρητές. Αργότερα κατέβηκαν στους κάμπους, σε άλλες χώρες ιδίως, και άρχισε η χρήση των τούβλων. Γενικά, φαίνεται πως στα παλιά χρόνια, περισσότερο απ' όλα, για την εκλογή των υλικών λογάριαζε η δυσκολία της απόστασης και της μεταφοράς. Τώρα, με το άνοιγμα των συγκοινωνιών, η κυριότερη δυσκολία είναι πλέον οικονομική, δηλαδή η δυνατότητα να τα αγοράσουν.

▌ ΣΤΟΝ ΑΓΙΟ ΣΥΜΕΩΝ. Η εκκλησία του Αγίου Συμεών που είναι από τις μεγάλες [εικ. 55, 56]. [...]

22.3.1954

Ι ΣΥΖΗΤΗΣΗ ΣΤΟΝ ΔΗΜΟ ΧΑΛΕΠΙΟΥ (ALEPPO). [...] Τα σπίτια με θόλους από χώμα με γύψο κρατάνε 50-60 χρόνια, ενώ εκείνα που είναι από χώμα με άργιλο κρατάνε 10 χρόνια. Ο διευθυντής Δημοσίων Έργων λέει ότι ο μέσος όρος ζωή τους είναι 25 χρόνια και ότι πέφτουν με τη βροχή. Ο ειδικός του Δήμου λέει 10 χρόνια. Η αξία των μεγάλων θόλων είναι 500 συριακές λίρες και των μικρών 150. Ο αριθμός θόλων κατά οικογένεια είναι δύο το ελάχιστο για τους εργάτες και δέκα το μέγιστο. [...] Όπου οι θόλοι αντικαταστάθηκαν με επίπεδες στέγες, οι χωρικοί έμειναν ευχαριστημένοι, γιατί τώρα δεν ανοίγουν, και οι χωρικοί φτιάχνουν παράθυρα όπως τα θέλουν. Στη Ράκα (Raqqa) οι Άγγλοι έκτισαν θόλους με τσιμέντο, τους σοβάτισαν με χώμα και έγιναν πολύ καλοί. Στην Efire οι τοίχοι είναι από βασάλτη και οι στέγες θολωτές. Οι κυλινδρικοί θόλοι προκαλούν πλάγιες ωθήσεις. Είναι δύσκολοι στην κατασκευή για τους χωρικούς, γιατί απαιτούν καλούπι. Στην Deir-Es-Zor είδαμε κυλινδρικούς θόλους από γύψο, που τους κτίζουν εύκολα αφού ψήσουν το χώμα. Είναι απαραίτητο ένα κέντρο διεξαγωγής πειραμάτων, για να βρεθούν οι φυσικές λύσεις.

Ένας άλλος τύπος είναι οι επίπεδες στέγες. Όταν βάζουν κλαδιά υπάρχει κίνδυνος από ζώα, σκορπιούς, κ.λπ., έτσι εγκαταλείπονται. Προτιμούν σανίδωμα ή ψάθα. [...] Η ζωή των στεγών είναι μικρή. Κρατάνε 6-7 χρόνια και μετά αρχίζουν οι επισκευές, οι οποίες κάθε χρόνο ανέρχονται σε 25 συριακές λίρες. Οι τοίχοι κρατάνε πολύ. Ο χρόνος ζωής του σπιτιού, αν δεν συντηρείται, είναι 15-20

χρόνια. Αν συντηρείται καλά, τότε θα κρατήσει πολύ. Ο ιδιοκτήτης θα το βελτιώνει συνεχώς, δεν θα το γκρεμίσει. [...]

23.3.1954 ΠΕΡΙΟΔΕΙΑ ΑΝΑΤΟΛΙΚΑ ΑΠΟ ΤΟ ΧΑΛΕΠΙ (ALEPPO) [...]
Ι ΡΑΚΑ (RAQQA). [...] Φεύγουμε στις 16:00. Βλέπω τον αγγλικό στρατιωτικό οικισμό αριστερά της συνδετήριου οδού, πηγαίνοντας προς Ράκα. Τώρα είναι σχολείο παιδιών νομάδων. Χτίστηκε στον πόλεμο, πιθανώς το 1942, και είναι ένα πολύ ενδιαφέρον κατασκευαστικό πείραμα. Αποτελείται από ομάδες κτηρίων. Οι τοίχοι είναι από πέτρα και οι θόλοι χτισμένοι με τσιμεντόλιθους. Από έξω οι θόλοι είναι σοβατισμένοι με λάσπη, για να μονωθούν. Σε κάθε θόλο υπάρχουν δύο μικροί εξαεριστήρες, που προφυλάσσονται από τη βροχή με ένα μικρό κομμάτι τσίγκου [εικ. 57]. Οι Άγγλοι είχαν προβλέψει τζάκια σε κάθε δωμάτιο και πόρτες και παράθυρα στους τοίχους κανονικά.

25.3.1954
Ι ΠΕΡΙΟΔΕΙΑ ΒΟΡΕΙΟΑΝΑΤΟΛΙΚΑ. Φεύγουμε στις 7:00. Διασχίζουμε συνεχώς στέπα που κατοικείται από νομάδες [εικ. 58]. [...]

Ι ΠΑΛΜΥΡΑ (PALMYRA). Η πόλη της Παλμύρας είναι χτισμένη σε μικτό ορθογωνικό σχέδιο. Πιθανότατα σχεδιάστηκε με την ανάμιξη αρχαιολόγων, που απαλλοτρίωναν σπίτια στον χώρο του παλιού ιερού, και οι κάτοικοι μεταφέρθηκαν έξω από την περιοχή των αρχαιοτήτων σε σπίτια χτισμένα από ντόπιους.

Ο κεντρικός δρόμος είναι απογοητευτικός λόγω της ερημιάς και της ζέστης –αν και είναι ακόμη Μάρτιος. Αναμφισβήτητα, θα είναι ερημικός επί έξι μήνες εξαιτίας του ήλιου και έξι μήνες εξαιτίας των ανέμων. Δεν πήρα φωτογραφίες. [....]

Ι ΕΠΙΣΚΕΨΗ ΣΤΗΝ ΑΡΧΑΙΑ ΠΑΛΜΥΡΑ. Η αρχιτεκτονική της είναι αντιγραφή και μείγμα ελληνιστικών, ρωμαϊκών και ντόπιων στοιχείων, ιδίως οι διακοσμήσεις, όπως στον ναό του Μπελ[8] και στα

59

60   61

ανάγλυφα που υπάρχουν στις πόρτες κ.λπ., που θυμίζουν ανατο-
λίτικα, ακόμη και σημερινά, ινδικά ξυλόγλυπτα [εικ. 59]. [...]

Ένα παλιό σπίτι στον ναό του Μπελ χρησιμοποιείται από την
αρχαιολογική αποστολή ως προσωρινό μουσείο [εικ. 60]. Ο μικρός
ναός [εικ. 61]. [...] Οι τάφοι έχουν ιδιαίτερο ενδιαφέρον και κυρίως οι
τάφοι-πύργοι και οι τάφοι-σπηλιές. Ο πιο καλός είναι των Τριών
Αδελφών. Η ζωγραφική του δείχνει καθαρά τον ενδιάμεσο σταθμό
ανάμεσα σε ελληνιστική και βυζαντινή ζωγραφική. Παίρνω αρκετές
φωτογραφίες, π.χ. με απόψεις των αρχαίων μνημείων, όπου φαίνε-
ται το τριπλό τοπίο: έρημος περιβάλλουσα, όαση μέσα σε πλινθό-
κτιστους τοίχους, αρχαία πολιτεία. [...]

ΗΜΕΡΟΛΟΓΙΟ ΤΟΥ ΠΑΚΙΣΤΑΝ

Οκτώβριος - Νοέμβριος 1954 [9]

12.10.1954

▌Η ΑΝΑΓΚΗ ΕΝΟΣ ΗΜΕΡΟΛΟΓΙΟΥ. Πετώντας από την Αθήνα στην Κύπρο και τη Βηρυτό το πρώτο απόγευμα του ταξιδιού μου στο Πακιστάν, σκέφτομαι την εμπειρία μου από το ταξίδι στη Συρία που μόλις τέλειωσε. Έπρεπε να γραφτεί μια μεγάλη έκθεση για τα προβλήματα κατοικίας και κοινωνικών εξυπηρετήσεων της Συρίας, η οποία, παρ' όλο που επεκτάθηκε πέρα από τα προβλεπόμενα όρια, δεν με είχε ικανοποιήσει από μια άποψη. Όταν την ξαναδιάβασα και τη σύγκρινα με τον όγκο των πληροφοριών που κατάφερα να συγκεντρώσω, ένιωσα ότι δεν ήμουν ικανός να μεταδώσω σε άλλους όλη μου την εμπειρία από τη Συρία.

Νομίζω πως κατάφερα να δώσω τα γενικά χαρακτηριστικά του προβλήματος της Συρίας και της κατεύθυνσης που θα μας επέτρεπε να τα αντιμετωπίσουμε, αλλά θα μπορούσαν να γεννηθούν ερωτήματα που δεν είχαν απαντηθεί σε αυτήν σε κάποιον που θα διάβαζε αυτή τη γενική έκθεση. Τώρα σίγουρα γνωρίζω αυτές τις απαντήσεις, αν και είναι αμφίβολο αν θα τις θυμάμαι σε μερικά χρόνια, όταν θα έρθει η ώρα της εφαρμογής. [...]

Πώς θα μπορούσα να υποβάλω μια πλήρη έκθεση μέσω της οποίας θα μπορούσα να περάσω σε άλλους ανθρώπους το μέγιστο ποσοστό της εμπειρίας που αποκτήθηκε, και να διατηρήσω αυτή την εμπειρία όχι μόνο σε γενικές γραμμές, που σπάνια χάνονται, αλλά και σε λεπτομέρειες; Φαντάζομαι διαφορετικές ιδέες: ειδικά κομμάτια να είναι αφιερωμένα σε ειδικά θέματα, τα οποία θα μπορούσαν να παρουσιαστούν αναλυτικά και να ενσωματωθούν σε παραρτήματα, ειδικά κεφάλαια για τα διάφορα έργα που επισκέφθηκα, σημειώσεις για τις συζητήσεις όπου συμμετείχα. Είναι αυτές οι σωστές απαντήσεις στο πρόβλημά μου ή θα έπρεπε να γυρίσω μερικούς αιώνες πίσω και να δοκιμάσω ξανά τη μορφή των ημερολογίων που κρατούσαν οι ταξιδιώτες, η σημασία των οποίων αναγνωρίζεται πάντοτε από τις επόμενες γενιές αλλά ποτέ από τη σύγχρονη;

Είναι το ημερολόγιο ένας νεκρός τρόπος παρουσίασης των εντυπώσεών μας; Μπορούμε να το αναβιώσουμε και μπορεί αυτό να είναι χρήσιμο όχι μόνο στους επερχόμενους, αλλά επίσης και σε όσους ασχολούνται με αυτά τα προβλήματα;

Δεν μπορώ να δώσω μια απάντηση σε αυτές τις ερωτήσεις τώρα, μπορώ μόνο να αναγνωρίσω την ανάγκη ότι πρέπει να συμπληρώσω την έκθεση που πρόκειται να υποβάλω, όπου η εμπειρία από καθεμία περίπτωση θα παρουσιαστεί και θα μεταδοθεί με πρόσθετες γενικές παρατηρήσεις, κανόνες και χαρακτηριστικά, που συνήθως περιλαμβάνουμε σε ολιστικές παρουσιάσεις και γενικές εκθέσεις. Μπορεί το ημερολόγιο να έχει κάποια αξία στις προσπάθειές μας; Εάν ναι, γιατί δεν έχει χρησιμοποιηθεί σε παρόμοιες περιστάσεις; Αυτές οι ερωτήσεις δεν με αφήνουν να φτάσω σε κάποιο συμπέρασμα.

13.10.1954

❚ Ο ΡΟΛΟΣ ΤΟΥ ΗΜΕΡΟΛΟΓΙΟΥ. Μόνο το επόμενο πρωινό νομίζω πως πλησιάζω σε μια απάντηση στο πρόβλημά μου. Κοιτάζοντας έξω από το παράθυρο του αεροπλάνου μου, έρχομαι σε επαφή με το κόκκινο έδαφος της Αραβίας, τους λόφους και τις κοίτες των ξεροποτάμων. Το αραβικό τοπίο, ένα τοπίο που ποτέ μου δεν επισκέφθηκα, αλλά γνωρίζω πολύ καλά! Και τότε θυμάμαι το *Επτά στύλοι της σοφίας* του Lawrence, που είναι πραγματικά το βιβλίο, ένα βιβλίο με τη μορφή ημερολογίου, αν και δεν ονομάζεται έτσι, που με έφερε σε επαφή με τον αραβικό κόσμο, που μου δίδαξε τη φύση της γης, των ανθρώπων και της κουλτούρας τους από τη Μέκκα ως τη Δαμασκό. Είναι το βιβλίο που μου επέτρεψε να καταλάβω την ύπαιθρο της Συρίας πριν να την επισκεφθώ. Αυτό το βιβλίο είναι ένα ημερολόγιο, ένα ημερολόγιο που δεν απαντά σε προβλήματα μελλοντικής τακτικής, που δεν προτείνει προγράμματα, αλλά το οποίο ανοίγει τα μάτια για την κατανόηση των προβλημάτων και για το πώς μπορούν να αντιμετωπιστούν. Αυτή είναι η περίπτωση ενός πετυχημένου ημερολογίου, που μου επιτρέπει να πάρω την απόφαση και να προσπαθήσω να γράψω ένα ημερολόγιο για το Πακιστάν.

Δεν νομίζω πως πρέπει να διστάζω άλλο. Ένα ημερολόγιο για το Πακιστάν είναι αναγκαιότητα για μένα και μπορεί να φανεί χρήσιμο σε όσους συνεχίσουν την ίδια εργασία. Σίγουρα δεν έχω τη δυνατότητα να γράψω ένα ολοκληρωμένο ημερολόγιο με τα ταξίδια μου, αλλά σίγουρα θα δοκιμάσω να γράψω το ημερολόγιο ενός ανθρώπου που προσπαθεί να καταλάβει μέσα σε σύντομο χρονικό διάστημα τα ειδικά προβλήματα ενός τομέα της ζωής στο Πακιστάν. [...]

Ι ΚΑΡΑΤΣΙ. Το πλησίασμα στο Καράτσι από ψηλά είναι πάντα καταθλιπτικό. Η αχανής έρημος που το περιβάλλει, τα αδιευκρίνιστα όρια μεταξύ γης και θάλασσας δεν δημιουργούν μια καθαρή ή αισιόδοξη και φιλική εικόνα. Είναι ανακουφιστικό να συναντά κανείς τους ανθρώπους στο αεροδρόμιο, είναι ανακουφιστικό να βλέπεις τη ζωντάνια γύρω σου που ανορθώνει τις ελπίδες. Τελικά, όπου υπάρχουν άνθρωποι και όπου δουλεύουν άνθρωποι κάτι μπορεί να γίνει, ακόμα και στην έρημο. [...]

14.10.1954-16.10.1954

❚ ΕΠΑΦΗ ΜΕ ΤΟ ΠΡΟΒΛΗΜΑ. [...] Οι πρώτες μέρες αφιερώνονται σε επαφές με τους υπεύθυνους για το θέμα μου. Εντυπώσεις, συζητήσεις και έγγραφα που πρέπει να διαβαστούν παρουσιάζουν μερικές γενικές πλευρές του προβλήματος του Πακιστάν. Όλα είναι ενδιαφέροντα, αλλά οι αριθμοί προξενούν κατάθλιψη. Αρχίζω με συγκρίσεις ανάμεσα σε αριθμούς προσφύγων. Αριθμός ατόμων χωρίς κατοικία, προσπάθειες που καταβάλλονται και διαθέσιμες εγκαταστάσεις, πράγματι, μαρτυρούν το κουράγιο και τη θέληση να αντιμετωπιστούν τέτοια προβλήματα, αλλά η αναντιστοιχία ανάμεσα σε ανάγκες και προσφορά είναι τόσο μεγάλη, ώστε μέσα σε μερικές μέρες αρχίζω να αισθάνομαι πάνω στους ώμους μου κάθε στιγμή της ημέρας το βάρος του καινούριου μου θέματος. Ήρθε η ώρα να αρχίσω να κινούμαι.

17.10.1954

❚ ΧΤΙΖΟΝΤΑΣ ΣΤΟ ΚΑΡΑΤΣΙ. Σήμερα μου προσφέρθηκε η πρώτη ευκαιρία να επισκεφθώ ένα γιαπί. Διαβάζοντας για τις ανάγκες της χώρας και κάνοντας εκτιμήσεις στο μυαλό μου, σχεδόν παθαίνω κατάθλιψη –και τότε παρουσιάστηκε αυτό το διάλειμμα. Το σπίτι χτίζεται ένα τετράγωνο μακριά από το διαμέρισμά μας. Το επισκέπτομαι με τον Batson και συζητάμε γι' αυτό με τον ιδιοκτήτη. Πράγματι, θέλει να χτίσει ένα σπίτι που είναι έξω από τις οικονομικές του δυνατότητες, αλλά έχει το θάρρος να το κάνει. Άλλωστε, είναι παρών ο αδελφός του που είναι μηχανικός, προσλαμβάνει τους εργάτες, και τις Κυριακές –είναι δημόσιος υπάλληλος– έρχεται ο ίδιος κι επιβλέπει την κατασκευή [εικ. 62]. Στην πράξη δεν υπάρχει κατασκευαστής. Η οικογένεια έχει αναλάβει τη δουλειά ως οικογενειακή υπόθεση. Κάνουν προσλήψεις, συγκεντρώνουν υλικά και προχωρούν, αν και δεν έχουν χρήματα, για να τελειώσουν τον πρώτο όροφο. [...]

Η τεχνική είναι κακή. Πάνω στην οροφή, όπου ρίχνουν μια τσιμεντόπλακα, βλέπουμε τον οπλισμό που θα δικαιολογούσε μια αντισεισμική κατασκευή. Νομίζω πως ακολουθούν κάποιον σχετικό κανονισμό, αλλά στην πραγματικότητα δεν το κάνουν. Δεν έχουν ακουστά κάποιον τέτοιο κανονισμό, απλά το θεωρούν αναγκαίο και δικαιολογημένο. Μετά ανακαλύπτω ότι έχουν δίκιο, επειδή όταν τελειώνει το διάλειμμα για φαγητό κι αρχίζουν να ρίχνουν τσιμέντα, βλέπω ότι η ποιότητα του μπετόν είναι τόσο χαμηλή, ώστε οπωσδήποτε χρειάζονται αυτό τον οπλισμό, ίσως και βαρύτερο. [...]

Τους ρωτώ γιατί πιστεύουν ότι μια τέτοια δόμηση είναι κανονική, αλλά τότε θυμάμαι τα προηγούμενα σχόλιά μου για άλλες χώρες με φτωχές τεχνικές: όσο πιο κακή είναι η τεχνική (ποιότητα) τόσο αυξάνεται η χρήση των οικοδομικών υλικών, ιδιαίτερα των πιο σημαντικών και ταυτόχρονα πιο δαπανηρών.

62

Δεν έχω δει, ξανά και ξανά, πόρτες και παράθυρα στα οποία χρησιμοποιείται δύο και τρεις φορές περισσότερη ξυλεία σε χώρες που έχουν έλλειψη, σε σύγκριση με τη Σουηδία και άλλες χώρες εξαγωγής ξυλείας; Δεν έχω δει να χρησιμοποιείται χάλυβας με μεγαλύτερες διατομές, σε μεγέθη που αυξάνονται όσο αυξάνεται η απόσταση του εργοταξίου από τα βιομηχανικά κέντρα όπου παράγεται ο χάλυβας; Εδώ επαληθεύεται πάλι το ότι οι κακές τεχνικές και τα χαμηλής ποιότητας τεχνικά μέσα οδηγούν σε σπατάλη των ακριβών υλικών. [...]

‖ ΟΡΜΟΣ ΤΟΥ ΧΟΚ (HAWKES BAY). [...] Στον δρόμο που οδηγεί από το Καράτσι στον όρμο του Χοκ κάνουμε μια ακόμα στάση. Εκεί έξω στην έρημο έχουν φυτέψει δέντρα πλάι στο οδόστρωμα, νεαρά δέντρα που περιβάλλονται από όλων των ειδών τους κινδύνους, αλλά που προστατεύονται. Η εφευρετικότητα κάποιου εργοδηγού μετέτρεψε παλιά βαρέλια ασφάλτου σε ασπίδες προφύλαξης, για να προστατευθεί η ζωή των νεαρών δέντρων. Αυτό ακριβώς είναι που χρειάζεται το νεαρό δέντρο, μια προστασία από τους εχθρούς του τον πρώτο χρόνο της ζωής του. Τα μεγάλα δέντρα δεν έχουν τέτοιες ασπίδες, καθώς δεν τις χρειάζονται [εικ. 63].

Τότε κατάλαβα ποιος είναι ο ρόλος μας για τη δημιουργία οικισμών σε αυτή τη χώρα: να παίξουμε ακριβώς τον ρόλο που παίζουν τα βαρέλια ασφάλτου. Δεν μπορούμε να βοηθήσουμε το δέντρο να μεγαλώσει. Το αν θα αναπτυχθεί ή όχι εξαρτάται από τη φύση του, από το έδαφος και από τις τοπικές συνθήκες και μόνο. Εκείνο που μπορούμε να κάνουμε, εκείνο που θα πρέπει να κάνουμε είναι να προστατέψουμε αυτό το δέντρο από τους εχθρούς του τα πρώτα χρόνια της ζωής του. Το παράδοξο είναι ότι οι εχθροί αυτού του δέντρου είναι ακριβώς εκείνοι που θα ωφεληθούν από την ανάπτυξή του: οι άνθρωποι και τα ζώα που θα έρθουν να κάτσουν κάτω από τη σκιά του. Τότε θα είναι οι μεγάλοι φίλοι του, αλλά τώρα οι άνθρωποι και τα ζώα είναι οι εχθροί του. Πώς μπορούμε να προστατέψουμε τους οικισμούς αυτής της χώρας ώσπου να μεγαλώσουν; Τι είδους ασπίδα μπορούμε να δημιουργήσουμε γι' αυτούς; Αυτές είναι οι ερωτήσεις στις οποίες θα πρέπει αργά ή γρήγορα να απαντήσουμε. [...]

‖ ΤΟ ΠΑΡΑΞΕΝΟ ΠΑΡΑΘΥΡΟ. Περπατώντας ανάμεσα σε αυτά τα σπίτια, βρίσκω το πιο χαρακτηριστικό παράδειγμα που είδα ποτέ μου για το πόσο διαφορετική είναι η αντίληψη των οικιστικών αναγκών ανάμεσα σε διαφορετικούς λαούς. Για κάθε αναθρεμμένο στη Δύση αρχιτέκτονα, θα έλεγα καλύτερα για κάθε δυτικό άνθρωπο, ένα παράθυρο είναι ένα άνοιγμα στον τοίχο, που ξεκινά περίπου ένα μέτρο από το δάπεδο: είναι ακριβώς σε εκείνο το σημείο όπου οι καθιστοί άνθρωποι θα ήθελαν το άνοιγμα στον τοίχο τους. Αλλά

εδώ βρίσκομαι μπροστά σε ένα σπίτι όπου τα παράθυρα αρχίζουν από το πάτωμα και φτάνουν μόλις έως το 1,20 μ. Δεν είναι αυτό η ιδανική λύση για μια κατοικία, όπου οι κάτοικοι κάθονται στο έδαφος [εικ. 64];

    Μπορεί να γελάμε, αλλά αυτό είναι ένα ορθολογικό σπίτι που επιτρέπει στην αύρα να μην φυσάει πάνω από τα κεφάλια, αλλά πάνω στους ανθρώπους που ζουν σε αυτό το σπίτι. Εάν μπορούσαμε να ανοίξουμε τα μάτια μας σε τέτοιες εκφράσεις της τοπικής δόμησης, σίγουρα θα καταλαβαίναμε περισσότερα και θα εξυπηρετούσαμε καλύτερα τους στόχους αυτής της χώρας. Αυτές οι εκφράσεις των πραγματικών αναγκών εύκολα παραβλέπονται και κρύβονται πίσω από σωρεία δυτικόφερτων κτισμάτων. [...]

22.10.1954 […]

Ι Η ΑΞΙΑ ΤΩΝ ΚΑΛΩΝ ΠΑΡΑΔΕΙΓΜΑΤΩΝ. Το απόγευμα ξανασκέφτομαι όλη αυτή τη συζήτηση και το ότι όλοι οι άνθρωποι που είδαμε υποστηρίζουν με έμφαση κάθε μελέτη που έχει γίνει σαν να επρόκειτο για το Κοράνι και σαν λύση σε διαφορετικά προβλήματα, ακόμα κι όταν αντιλαμβάνονται ότι η λύση που προτείνεται δεν είναι η καλύτερη αλλά η χειρότερη.

Νομίζω πως πρέπει να κατανοήσουμε αυτή την κατάσταση. Σε χώρες με ελάχιστους ειδικούς επιστήμονες, όπου δεν υπάρχει μια λογική αναλογία ανάμεσα σε ειδικούς και προβλήματα, η πίεση είναι τέτοια ώστε οι άνθρωποι να ενδιαφέρονται μόνο για την υλοποίηση. Έτσι, αναγκάζονται να δεχτούν όποια σχέδια υπάρχουν, και προσπαθούν να τα εφαρμόσουν χωρίς συζήτηση. Προχωρούν και πιο πέρα, θεωρώντας ότι αυτά τα σχέδια είναι πρότυπα: μια λύση από τη στιγμή που δίδεται γίνεται κανόνας, οπότε εφαρμόζεται σε όλες τις περιπτώσεις. Αν έχουν μερικά καλά σχέδια, τότε τα υλοποιούν. Όταν αυτό αποτύχει, τότε χρησιμοποιούν όσα είναι διαθέσιμα. Αλλά ακόμα κι όταν τέτοια σχέδια δεν υπάρχουν, είναι πρόθυμοι να μιμηθούν σχέδια που υπάρχουν σε κάθε εγχειρίδιο ή περιοδικό, ακόμα κι αν αυτά σχεδιάστηκαν για τελείως διαφορετικές συνθήκες.

Έχουμε δικαίωμα να τους κατακρίνουμε; Εμείς θα τα καταφέρναμε καλύτερα σε μια ανάλογη περίσταση; Να ονομάσουμε αυτή την τάση ανατολίτικη νοοτροπία, όπως έχω ακούσει άλλους σε διαφορετικές περιπτώσεις να την ονομάζουν; Δεν πρόκειται απλά για μια συμπεριφορά ανθρώπων που σηκώνουν ένα κολοσσιαίο βάρος και δεν έχουν άλλη διέξοδο; Δεν είναι η ύψιστή μας υποχρέωση να δημιουργήσουμε κάτι καλύτερο, το οποίο, ακόμα και αν θεωρηθεί καλό παράδειγμα προς μίμηση, θα προκαλέσει μικρότερη ζημιά σε σύγκριση με την επανάληψη των ξένων λύσεων και των κακών τοπικών σχεδίων; Δεν θα έπρεπε να είμαστε εξαιρετικά θετικοί στις προτάσεις μας και να καταλήγουμε σε συγκεκριμένες λύσεις; Οι άνθρωποι εδώ δεν έχουν δίκιο, όταν διαμαρτύρονται για την κατάκριση και την αρνητική αντιμετώπιση πολλών από τους συμβούλους τους; [...]

Μου γεννιέται η ιδέα ότι εφόσον οι κάτοικοι σε τέτοιες χώρες (επειδή υπάρχει ελάχιστο ντόπιο ταλέντο διαθέσιμο) έχουν ανάγκη από πρότυπα, τα οποία θα μπορούν να ακολουθήσουν, τότε εμείς οφείλουμε να τους τα προσφέρουμε ως ένα πρώτο στάδιο της συμβολής μας. Το να αφήσουμε πίσω μας αμφιβολίες και συστήματα προσέγγισης για την επίλυση διαφορετικών προβλημάτων ίσως να έχει τελικά αρνητική επίδραση. Το να αντικατασταθούν τα κακά παραδείγματα με καλά είναι ίσως ο πρώτιστος στόχος σε τέτοιες περιπτώσεις. [...]

24.10.1954

▮ Η ΠΟΛΗ ΤΗΣ ΝΤΑΚΑ (DACCA). [...] Περπατάω μόνος μου για λίγα λεπτά και βρίσκω ένα τζαμί. Με εντυπωσιάζει το ότι ο σκεπαστός εξώστης μπροστά στο τζαμί είναι μεγαλύτερος από τον κλειστό χώρο του. Οι ντόπιοι μου λένε ότι αυτός ο χώρος θεωρείται επέκταση του τζαμιού, έτσι ώστε να χωράνε περισσότεροι άνθρωποι. Αλλά γιατί δεν υπάρχει κάτι ανάλογο σε άλλες χώρες; Υποψιάζομαι πως η απάντηση είναι διαφορετική. Αυτός ο σκεπαστός χώρος μπροστά από το τζαμί εξυπηρετεί περισσότερο τους ανθρώπους που προσεύχονται παρά το ίδιο το τζαμί, η βαριά κατασκευή του οποίου φανερώνει ότι πρόκειται για μια μεταφύτευση μορφής, άρα και μιας τεχνικής που δημιουργήθηκε σε διαφορετικό περιβάλλον, το οποίο δεν έχει τόσο θερμό και υγρό κλίμα. [...] Το κύριο κτήριο του τζαμιού παραμένει το μνημείο, αλλά ο εξώστης είναι ο χώρος όπου γίνεται η συγκέντρωση του κόσμου [εικ. 65]. Με παραξενεύει που δεν μπορώ να πάρω μια απάντηση στο πρόβλημα αυτό από τους ντόπιους. [...]

Σταματάμε και περπατάμε παράλληλα σε ένα μικρό ποτάμι που διασχίζει την παλιά πόλη. Αυτό το ποτάμι είναι η κύρια αρτηρία κυκλοφορίας. Ποταμίσιες βάρκες φέρνουν ξυλεία και άλλα αγαθά από την επαρχία προς την καρδιά της πόλης. Η αγορά γίνεται ακριβώς σε αυτό το σημείο, όπου ο κεντρικός αγωγός αποχέτευσης της πόλης χύνεται στον ποταμό [εικ. 66, 67]. [...]

Ζητώ να επισκεφθώ μια παλιά αγορά και με οδηγούν σε μια αγορά που προϋπήρχε και είναι ακόμα ενεργή. Είναι μια αγορά τροφίμων όπου όλα είναι κατασκευασμένα με το σύστημα katcha[10] [εικ. 68]. Το μεγαλύτερο πρόβλημα που παρουσιάζουν οι αγορές με κατασκευές katcha στον επισκέπτη, ο οποίος θα ήθελε να εφαρμόσει το δίδαγμά τους σε νέες αγορές, σχετίζεται με το πλάτος του δρόμου ανάμεσα στα μαγαζιά. Εδώ το πλάτος δεν είναι μεγαλύτερο από 8-10 πόδια και ακόμα κι αυτό το άνοιγμα μπορεί να σκεπαστεί με ψάθες από μπαμπού στη διάρκεια της εποχής που κάνει ζέστη [εικ. 69].

Στις νέες αγορές το πλάτος των διαδρόμων είναι περίπου 30 πόδια και είναι αμφίβολο το τι θα συμβεί σε αυτά τα περάσματα στη διάρκεια της πολύ θερμής περιόδου ή της περιόδου των συχνών

βροχοπτώσεων. Θα μπορούσαν οι άνθρωποι να χρησιμοποιήσουν αυτούς τους ανοιχτούς χώρους ή θα στέκονταν και θα προσπαθούσαν να κυκλοφορήσουν ακόμα και κάτω από τους εξώστες; [...]

Σε απόσταση περίπου 10 μιλίων φτάνουμε σε ένα χωριό όπου βρίσκεται και ο τάφος ενός διάσημου αγίου. Ο κόσμος τον επισκέπτεται σε όλη τη διάρκεια του έτους. Το κύριο χαρακτηριστικό είναι, όπως παντού, η μεγάλη δεξαμενή νερού, η οποία βρίσκεται μπροστά από το χωριό και τον τάφο. Στην πραγματικότητα οι άνθρωποι ζουν γύρω της, κι έρχονται ως το νερό για όλων των ειδών τις ανάγκες [εικ. 70]. Τα σπίτια του χωριού είναι μάλλον φτωχικά, δεν υπάρχει κανενός είδους σύνδεση με τον όμορφο τάφο και το περιβάλλον του. [...]

Πώς θα μπορούσαμε να είμαστε βέβαιοι ότι η κυβέρνηση που χτίζει στην πόλη της Ντάκα τέτοια σπίτια, παντού τα ίδια, έχει πραγματικά καταλάβει τις ανάγκες των ανθρώπων; Τι είδους ιδιωτικά σπίτια προσπάθησε να μιμηθεί η κυβέρνηση; Ή υποτίθεται πως η κυβέρνηση εισάγει καλύτερες μεθόδους κατασκευής, ώστε να προσφέρει μια εξέλιξη στην κατοικία [εικ. 71]; Εάν ισχύει αυτό, είναι αυτό ό,τι καλύτερο μπορεί να προσφέρει η σύγχρονη τεχνική, μια τόσο βαριά κατασκευή χωρίς κάποιον ανοιχτό χώρο για να ζουν οι άνθρωποι; Δεν είναι οι πολύ λεπτοί σκελετοί μπαμπού που χρησιμοποιούνται σε κατασκευές εντελώς αντίθετοι με τα βαριά πρότυπα που ακολουθούν τα κτήρια [εικ. 72]; [...]

Το μεσημέρι συναντιόμαστε με τον κ. Faruki, τον επίτροπο εσόδων. Είναι ο κύριος συντονιστής αρωγής των πλημμυροπαθών. Πριν και μετά το φαγητό έχουμε μια πολύ ενδιαφέρουσα συζήτηση μαζί του. [...] Συζητάμε για τους τύπους κατοικίας, ιδιαίτερα στην ύπαιθρο. [...] Η αντίληψη της κατοικίας είναι διαφορετική στην Ανατολική Βεγγάλη (East Bengal)[11]. Οι κύριες απαιτήσεις για κάθε οικισμό είναι το υπερυψωμένο έδαφος, ώστε να υπάρχει προστασία από τις πλημμύρες, και κατόπιν η φύτευση δέντρων, ώστε να υπάρχει προστασία από τους ανέμους. Καθώς δεν μπορούν να βρεθούν υπερυψωμένες εκτάσεις μεγάλου μεγέθους, παρά μόνο μερικές επιφάνειες διάσπαρτες, δεν υπάρχουν μεγάλοι οικισμοί στην ύπαιθρο αλλά μόνο μικρές ομάδες σπιτιών. Καθώς οι άνθρωποι ζουν απομονωμένοι σε τέτοιες μικρές ομάδες σπιτιών, πιστεύει ότι δεν υπάρχει η αίσθηση της κοινότητας όπως σε άλλες περιοχές του Πακιστάν, όπως για παράδειγμα στο Πουντζάμπ (Punjab)[12]. [...]

Τα ποτάμια αλλάζουν συνεχώς την πορεία τους. Δεν υπάρχουν τοπόσημα κάποιας σταθερής αξίας. Τα πάντα καταστρέφονται και ξαναδημιουργούνται, και αυτό το χαρακτηριστικό του τοπίου έχει επηρεάσει και τον χαρακτήρα των ανθρώπων. Τους έχει δώσει την αίσθηση της απομόνωσης, της αυτοαναφορικότητας, της αυτάρκειας, της απουσίας φιλοξενίας: είναι ακοινώνητοι και ντροπαλοί λόγω της πολύ μεγάλης δυσκολίας στην επικοινωνία. [...]

27.10.1954 [...]

I ΓΕΩΡΓΙΚΟ ΙΝΣΤΙΤΟΥΤΟ, ΜΑΝΙΠΟΥΡ (MANIPUR). [...] Τα περισσότερα από τα κτίσματα, ιδιαίτερα τα μεγάλου μεγέθους που στεγάζουν τους σπουδαστές, είναι κατασκευασμένα με ψάθες από μπαμπού. Μερικά καλύπτονται με κυματιστές λαμαρίνες και μερικά με λωρίδες μπαμπού. Η τεχνική σε αυτά τα κτίσματα και οι λεπτομέρειες κατασκευής τους είναι σχετικά καλές. Τα παράθυρα είναι επίσης φτιαγμένα από μπαμπού και προστατεύονται καλά από τη ζέστη και τη βροχή. Τα περισσότερα από αυτά τα κτίσματα είναι βαμμένα (μερικά με έντονα χρώματα) και σίγουρα αντέχουν καλύτερα στις αλλαγές του καιρού, αλλά κανείς δεν μπορεί να μας πει για πόσο διάστημα. Είναι κρίμα που τέτοιοι παραδοσιακοί τύποι κτισμάτων, που εξυπηρετούν τους ανθρώπους τόσο καλά, πρέπει να εγκαταλειφθούν για χάρη νέων κατασκευών, χωρίς να γίνει πριν μια προσπάθεια να βελτιωθούν [εικ. 73, 74]. [...]

Στα σταυροδρόμια, οι τροχαίοι προστατεύονται από ομπρέλες που στηρίζονται στη ζώνη τους. Είναι πολύ ενθαρρυντικό να τους βλέπει κανείς με αυτή την επινόηση ελαφρού στεγάστρου που προσφέρεται από την κυβέρνηση. Δεν θα έπρεπε τέτοιου είδους λύσεις να μας οδηγήσουν σε μια καλύτερη κατανόηση των ντόπιων αναγκών και των αντίστοιχων τοπικών λύσεων [εικ. 75]; [...]

Ανάμεσα στην ασχήμια και την ασχεδίαστη ανάπτυξη υπάρχουν μερικά φωτεινά παραδείγματα που έχουν ενδιαφέρον από κάθε πλευρά. Είναι χτισμένα γύρω από μικρά τζαμιά ή μικρούς ινδουιστικούς ναούς και νεκροταφεία [εικ. 76, 77]. [...]

Οι βάρκες με πανί κατασκευάζονται, όπως και τα σπίτια, από

73

74

76

75

77

ελαφρά υλικά, από ξυλεία και μπαμπού. Ολόκληρες οικογένειες ζούνε σε αυτές [εικ. 78, 79]. Πόσο ηρεμιστικό είναι να βλέπει κανείς τις βάρκες που από τα μεγάλα ποτάμια μεταφέρουν ξυλεία και άλλα εμπορεύματα στο εργοστάσιο. Πόσο καλύτερα αυτές οι βάρκες-κατοικίες εξυπηρετούν τις ανάγκες των ντόπιων, έχοντας χρησιμοποιήσει ντόπια υλικά [εικ. 80, 81]. [...]

29.10.1954 [...]

❚ ΤΣΙΤΑΓΚΟΝΓΚ (CHITTAGONG). Επισκεπτόμαστε την πόλη, η οποία μας δίνει την εντύπωση παλιάς πόλης χωρίς καμιά αστική παράδοση. Θυμίζει ένα σωρό από παλιά σπίτια, που είναι χτισμένα πολύ κοντά το ένα στο άλλο σε σχέση με άλλες περιοχές. [...]

I ΕΠΙΣΚΕΨΗ ΣΤΟΥΣ ΠΟΛΕΟΔΟΜΟΥΣ. Αυτή είναι η μόνη πόλη της Ανατολικής Βεγγάλης, εκτός της Ντάκα, που διαθέτει πολεοδομικό γραφείο με επικεφαλής έναν εκπαιδευμένο πολεοδόμο. [...] Καταβάλλεται μεγάλη προσπάθεια, ώστε να αντιμετωπιστούν τα προβλήματα της πόλης, και με εντυπωσιάζει το κουράγιο και η ζωτικότητα που δείχνουν οι επικεφαλής αρχιτέκτονες. Αλλά πόσο σίγουρος μπορεί να είναι κάποιος γι' αυτές τις λύσεις; Τα κολοσσιαία προβλήματα που αντιμετωπίζουν θα απαιτούσαν ολόκληρη ομάδα από εκπαιδευμένους και έμπειρους ανθρώπους, ακόμα και σε μια χώρα που έχει κάποια παράδοση στο να βρίσκονται καλές τοπικές λύσεις [...].

Δεν ξέρω αν θα έπρεπε να θαυμάζω ή να ανησυχώ περισσότερο γι' αυτούς τους ανθρώπους και για όσα κάνουν. Δεν διαθέτω έναν ειδικό, ο οποίος θα μπορούσε να διαμορφώσει άποψη για την τεχνική πλευρά όλης αυτής της προσπάθειας. Μας επιτρέπεται όμως να διαφοροποιήσουμε την τεχνική από την ανθρώπινη διάσταση; Δεν το πιστεύω.

Τι νόημα θα είχε να κρίνουμε τους ανθρώπους αυτούς, που προσπαθούν τόσο σκληρά να δώσουν λύσεις σε τόσο επιτακτικά προβλήματα, αν δεν είμαστε σε θέση να τους προσφέρουμε πραγματική βοήθεια για τη δημιουργία καλύτερων σχεδίων; Πώς μπορώ εγώ, στη διάρκεια μιας ωριαίας επίσκεψης, να μάθω, να κρίνω και να φύγω, δημιουργώντας ένα κενό, αφήνοντας πίσω μου αποθάρρυνση ή οργή σε αυτούς τους ανθρώπους, τους οποίους θα έπρεπε μόνο να ενθαρρύνουμε, για να συνεχίσουν τη μάχη; Αυτό το πρόβλημα σίγουρα δεν είναι τεχνικό, αλλά είναι το πρόβλημα που συχνά παραβλέπεται.

ΙΠΛΕΟΝΤΑΣ ΠΑΝΩ ΣΤΟΝ ΠΟΤΑΜΟ KARNAFULLI. Στις 12:30 το μεσημέρι, παίρνουμε δύο πλεούμενα [...] και αρχίζουμε να ταξιδεύουμε προς τα βορειοανατολικά. Η ομορφιά του τοπίου δεν μου επιτρέπει να ξεχάσω το πρόβλημα που αντιμετωπίζω, τη σκληρή πάλη για τη δημιουργία καλύτερων λύσεων σε μια χώρα όπου όχι μόνο η εμπειρία, όπως είπα, αλλά και οι άνθρωποι δεν είναι ακόμα ώριμοι γι' αυτό [εικ. 82-85].

Κοιτάζοντας την Τσιταγκόνγκ από το ποτάμι, σε κάποια απόσταση, μπορώ να δω πιο καθαρά τη γενική εικόνα του προβλήματός μου από όσο μισή ώρα πριν, τότε που διέσχιζα τους πολυάνθρωπους δρόμους της πόλης ή επισκεπτόμουν τους πολεοδόμους. Κλείνω τα μάτια μου και βλέπω ακόμα πιο ξεκάθαρα το ανθρώπινο στοιχείο αυτής της πόλης. Είναι αυτοί οι άνθρωποι κάτοικοι πόλης; [...] Αλλά αν δεν είναι, γιατί τότε να τους χτίσουμε αστικά κέντρα;

Η απάντηση αρχίζει να παίρνει μορφή στο μυαλό μου. Σίγουρα δεν υπάρχουν κάτοικοι πόλης σε αυτές τις περιοχές, είναι όμως αστικά κέντρα υπό διαμόρφωση. [...] Θα πάρει σίγουρα μια ή περισσότερες γενιές ώσπου να μεταβληθούν σε κατοίκους πόλεων. Πριν από το τέλος της ζωής των σημερινών κατοίκων θα υπάρχουν αστικά κέντρα στο Ανατολικό Πακιστάν, καθώς και ένα πλήθος από κατοίκους πόλεων. Αυτό θα συμβεί σιγά σιγά, σε μερικές δεκαετίες,

οπότε δεν μας επιτρέπεται να παραβλέψουμε αυτές τις ανάγκες και να αποφύγουμε την υποχρέωση να δημιουργήσουμε αστικά κέντρα πιο κατάλληλου τύπου.

Αλλά τότε πιστεύω ότι θα ήταν παράλογο να προσπαθήσουμε να χτίσουμε από την αρχή κατοικίες και κτήρια που να ανταποκρίνονται σε τύπους ανθρώπων που δεν έχουν ακόμα διαμορφωθεί. [...] Πώς μπορούμε να απαντήσουμε σε αυτή την αντίφαση με ικανοποιητικό τρόπο; Οι πόλεις που θα χτιστούν τώρα θα εξυπηρετήσουν νέους τύπους κατοίκων σε μερικές δεκαετίες, άρα δεν είναι λογικό να χτίσει κανείς νέους τύπους κτηρίων για ανθρώπους που ακόμα δεν υπάρχουν. Μοιάζει δυσεπίλυτο αυτό το πρόβλημα, αλλά στην πραγματικότητα δεν είναι.

Νομίζω πως μπορούμε να κάνουμε διάκριση ανάμεσα στη θεμελίωση μιας πόλης, που πρακτικά υπάρχει για πάντα (πολεοδομικό σχέδιο, δρόμοι, αγωγοί αποχέτευσης, δίκτυο ύδρευσης, κ.λπ.), και στις κατοικίες και τα κτήρια που θα έρχονται και θα φεύγουν, κατά μέσο όρο σε τέτοιες περιοχές, με μεγαλύτερη ταχύτητα από τους ανθρώπους. Αυτή τότε είναι η λύση. Η πόλη πρέπει να χτιστεί με τρόπο που θα εξυπηρετεί τις επόμενες γενιές. Οι πόλεις δεν χτίζονται κάθε μέρα. Αφού θεμελιωθούν, δεσμεύουν γενιές και γενιές ανθρώπων. [...] Το συμπέρασμα εμφανίζεται τώρα ξεκάθαρα στο μυαλό μου. Ας κάνουμε τη βασική διάκριση ανάμεσα σε πόλη και κτίσματα, ας δημιουργήσουμε την πόλη του μέλλοντος και τα κτήρια του παρόντος. Θα ήταν καλό να βρούμε όρους γι' αυτά τα δύο βασικά στοιχεία της πόλης. (Οι Γερμανοί έχουν δύο όρους «Tiefbau» και «Aufbau»).

▌ ΤΟ ΧΩΡΙΟ KARNAFULLI. [...] Οι φράχτες από μπαμπού που περικλείουν τους κήπους είναι έργα τέχνης. Εισερχόμαστε σε έναν τέτοιο κήπο κι εντυπωσιαζόμαστε από την εξαίσια τεχνική με την οποία είναι όλα διαμορφωμένα. Το έδαφος ήταν διαπλασμένο λες και ήταν πηλός πλαστικής, τα χαντάκια ήταν σε απόλυτη ευθεία λες και ήταν σκαλισμένα σε βράχο κι όχι στο μαλακό χώμα. Οι κήποι είναι καλυμμένοι με ψάθες από μπαμπού. Τα φυτά είναι σε ευθεία γραμμή και όλος ο κήπος μοιάζει περισσότερο με μηχανουργείο παρά με φυτεία [εικ. 86, 87].

86

87

Ο όγκος της ανθρώπινης εργασίας που απαιτείται για ένα τέτοιο επίτευγμα είναι κολοσσιαίος. Αλλά δεν πρόκειται μόνο για ζήτημα ποσοτικό, η ποιότητα αυτής της εργασίας είναι επίσης άψογη. Αυτή η ποιότητα πρέπει να αποκτήθηκε ύστερα από αιώνες παράδοσης και αφοσίωσης σε αυτό το αντικείμενο: την καλλιέργεια της γης για τη μέγιστη σοδειά από μια μικρή περιοχή. [...]

Εντυπωσιάζομαι από τις άριστες καλλιέργειες. Αναρωτιέμαι για το πώς μπορούμε να εξηγήσουμε το γεγονός ότι ενώ υπάρχει μια τέτοια ισχυρή παράδοση, που οδήγησε σε μια τόσο εξαίρετη τεχνική στην καλλιέργεια, δεν υπάρχει αντίστοιχα καλή παράδοση στον κατασκευαστικό τομέα. [...] Η εξήγηση, τότε, [...] ίσως να είναι το ότι τα κτίσματα δεν θεωρήθηκαν ποτέ μόνιμα στοιχεία σε αυτή τη μεταβαλλόμενη χώρα. Η πολύ μικρή διάρκεια ζωής τους μετατρέπει τα κτήρια σε αυτές τις περιοχές περισσότερο σε καταναλωτικά αγαθά και λιγότερο σε τεχνικά έργα. Η παντελής έλλειψη πέτρας, μάρμαρου ή γρανίτη σε μεγάλες εκτάσεις της Βεγγάλης έχει κάνει τους ανθρώπους να μην θεωρούν τα κτήρια ιδιαίτερα σημαντικά, οπότε δεν τους δίνουν καμιά προσοχή.

Η νύχτα πέφτει πάνω στο ποτάμι και μπαίνουμε σε βαριά ομίχλη. Αυτή τη στιγμή, που δεν μπορώ να δω ούτε σε απόσταση λίγων μέτρων, μπορώ να δω όλη τη Βεγγάλη, αυτή την αχανή πεδιάδα των προσχώσεων που αποτελείται από μαλακό έδαφος, η επιφάνεια του οποίου συνεχώς αλλάζει κάτω από την επίδραση του στοιχείου που κυριαρχεί παντού: του νερού.

Δεν είναι αφύσικο το γεγονός ότι εδώ οι άνθρωποι δεν έχουν την αίσθηση της αρχιτεκτονικής, των κτισμάτων και των οικισμών όπως την έχουμε σε άλλα μέρη του κόσμου, όπου η επιφάνεια της γης και τα υλικά της είναι πολύ σταθερά. Το μυαλό μου πάει πίσω μερικές δεκαετίες, και για πρώτη φορά καταλαβαίνω τον μεγάλο ποιητή της Βεγγάλης, τον Ραμπιντρανάθ Ταγκόρ (Rabindranath Tagore), ο οποίος όταν επισκέφθηκε την Ακρόπολη της Αθήνας άρχισε να κλαίει. Είχε εξηγήσει στη συντροφιά του ότι έκλαιγε, γιατί συλλογίστηκε τον ανθρώπινο μόχθο που απαιτήθηκε, για να τοποθετηθούν τέτοιες κολοσσιαίες πέτρες η μια πάνω στην άλλη ώστε να χτιστεί ο Παρθενώνας. [...]

Οι άνθρωποι αυτής της περιοχής δεν έχουν μπει ακόμα στην εποχή της αρχιτεκτονικής όπως εμείς την εννοούμε. Εδώ υπάρχει η μαλακή γη, οι βροχές, το νερό και η βλάστηση, που δημιουργούν ένα διαφορετικό φυσικό περιβάλλον για έναν άλλο τύπο ανθρώπου, για τον άνθρωπο που οι τέχνες του είναι η ποίηση, η μουσική και ο χορός: λέξεις και ήχοι, μουσική και χορός αλλά όχι πέτρες και όχι μόνιμα έργα τέχνης.

Θα έπρεπε να θεωρήσουμε αυτή την κουλτούρα ως χορευτική; Μήπως θα έπρεπε να μην βλέπουμε τους ανθρώπους και το νερό και τη βλάστηση να χορεύουν μέσα στην ομίχλη αυτού του μεταβαλλόμενου τοπίου; Και βέβαια θα έπρεπε, και όταν καταλάβουμε αυτό το βασικό χαρακτηριστικό της γης και των ανθρώπων, θα οδηγηθούμε σε καλύτερες λύσεις. [...]

1.11.1954

❙ ΠΕΤΩΝΤΑΣ ΠΡΟΣ ΤΟ ΚΑΡΑΤΣΙ. [...] Προσοχή στο πώς θα αντιμετωπίσουμε προβλήματα που δεν υπήρχαν παλιότερα: τα προβλήματα που δημιουργήθηκαν με την είσοδο της Ανατολικής Βεγγάλης στον σύγχρονο κόσμο. Έχει ήδη αρχίσει η αστικοποίηση και η εκβιομηχάνιση έχει γίνει αναγκαία –και τα δύο απαιτούν ένα περισσότερο αναπτυγμένο σύστημα επικοινωνιών. [...] Όταν έχουμε να αντιμετωπίσουμε τέτοια προβλήματα, το παρελθόν δεν μπορεί και δεν θα έπρεπε να αποτελεί τον μοναδικό μας οδηγό. Οπωσδήποτε θα χρειαστεί να έχουμε τα μαθήματα του παρελθόντος υπόψη. Θα πρέπει να λαμβάνουμε πάντα υπόψη μας τις λύσεις για τα ίδια παλιά προβλήματα αλλά σε μικρότερη κλίμακα. Όμως, δεν θα πρέπει να παραβλέπουμε ότι προβλήματα σαν τα καινούργια δεν υπήρχαν στο παρελθόν, οπότε το παρελθόν δεν μπορεί να γίνει οδηγός για την επίλυσή τους.

Ταυτόχρονα, θα πρέπει βεβαίως να έχουμε υπόψη ότι οι λύσεις που δόθηκαν σε άλλες χώρες για τα ίδια προβλήματα [...] δεν αντιγράφονται σε αυτή τη χώρα, καθώς οι συνθήκες των προβλημάτων αυτών είναι διαφορετικές και, παρ' όλο που μερικές από τις αρχές που διέπουν τις λύσεις και τους κανόνες μπορεί να είναι ίδιες, η έκφραση των λύσεων ίσως να είναι εντελώς διαφορετική.

Ακριβώς εδώ απαιτείται να συμβάλλει η φαντασία και να συμπληρώσει τη μελέτη του παρελθόντος και του παρόντος. Σε αυτή ακριβώς τη χρονική στιγμή δεν θα πρέπει να οδηγηθούμε στην αντιγραφή του παρελθόντος ή ενός αποξενωμένου παρόντος. Πρέπει να ελευθερώσουμε το μυαλό μας και να προσπαθήσουμε να επινοήσουμε νέες λύσεις, χωρίς να φοβηθούμε ότι θα μας θεωρήσουν τρελούς. Πάντα χρειάζονται μερικές τρελές ιδέες, όταν ανοίγει κανείς καινούριους δρόμους και βρίσκει νέες λύσεις. [...]

Ι ΚΑΡΑΤΣΙ. ΜΟΥΣΙΚΟ ΙΝΤΕΡΜΕΔΙΟ. [...] Σήμερα μένω στον Ξενώνα, ένα μονώροφο κτίσμα για τους επισκέπτες που έρχονται με επίσημη αποστολή στο Ραχίμ Γιορ Καν (Rahimyar Khan). Το δωμάτιό μου, στο οποίο εισέρχομαι από το μεγάλο χολ-καθιστικό, επικοινωνεί με μια μικρή βεράντα κι έναν μεγάλο κήπο. Η ατμόσφαιρα είναι βαριά και ανοίγω τα υαλοστάσια προς τον κήπο. Δεν μπορώ να κοιμηθώ, καθώς η απόμακρη μουσική πέρα από τον κήπο μπαίνει κατά κύματα στον ξενώνα. Κρατάει ώρες, την ακούω από το πρωί.

Τελικά, σηκώνομαι και τριγυρίζω ψάχνοντας για τους οικοδεσπότες μας. Τι τρέχει; Τι είναι αυτή η μουσική; Έτσι μαθαίνω πως είναι για ένα γάμο που γίνεται σε κάποια απόσταση. Η μουσική, που ξεκίνησε μια-δυο μέρες πριν, θα κρατήσει μερικές ακόμα μέρες. Κανείς δεν ξέρει πότε θα σταματήσει.

Ζητώ να με πάνε στον γάμο. Οι οικοδεσπότες μας χαμογελούν, πιστεύουν πως δεν είναι για μένα, πιστεύουν πως δεν μπορούν να με πάνε εκεί. Προσπαθώ να τους πείσω ότι πρέπει να επισκεφθώ αυτούς τους ανθρώπους και να παρατηρήσω όλες τις εκφράσεις της ζωής τους, καθώς πρέπει να τους κατανοήσω, αλλά κάθε προσπάθεια είναι μάταιη. Επιμένουν ότι δεν μπορούν να με πάνε σε αυτόν τον

γάμο, αλλά δεν μπορούν να προβάλουν μια ικανοποιητική δικαιο-
λογία για τον λόγο που δεν μπορώ να επισκεφθώ τους μουσικούς
και τους χορευτές.

Με ρωτούν πώς ξέρω ότι οι παρεβρισκόμενοι στον γάμο χο-
ρεύουν. Χρειάζεται να τους εξηγήσω ότι η μουσική, αν και παράξε-
νη και καινούρια για μένα, είναι μια καθαρά χορευτική μουσική. Θα
τολμούσα μάλιστα να πω ενός σεξουαλικού χορού. Χαμογελούν
και πάλι, αλλά δεν παίρνω καμιά απάντηση.

Ο ήχος του τυμπάνου συνεχίζεται.

Επιστρέφω στο δωμάτιό μου, αλλά δεν μπορώ να κοιμηθώ.
Αρχίζω να σκέφτομαι πόσο ξένος θα πρέπει να φαίνομαι σε αυτούς
τους ανθρώπους, που δεν πιστεύουν ότι μπορώ να καταλάβω τη
μουσική τους, τον χορό τους, τους γάμους τους, ώστε να με πάνε
εκεί. Αλλά η επαφή μου με όλους αυτούς τους ανθρώπους μού έχει
αποδείξει ότι δεν είμαι ξένος. Αν και οι εκφράσεις της ζωής μας μπο-
ρεί να διαφέρουν, είμαστε εντελώς ίδιοι.

Κάθε φορά που συναντώ τους απλούς ανθρώπους της επαρ-
χίας ή τους φτωχούς ανθρώπους των πόλεων έχω την αίσθηση ότι
συναντώ ανθρώπους της δικιάς μου χώρας ή άλλων χωρών που
επισκέφθηκα. Είναι αλήθεια ότι όσο πιο μορφωμένοι είναι οι άνθρω-
ποι τόσο μεγαλύτερη είναι η απόσταση μεταξύ τους.

Τώρα θυμάμαι ότι το ίδιο συμβαίνει με την αρχιτεκτονική και
την κατασκευή. Οι απλούστερες μορφές της τοπικής αρχιτεκτονι-
κής, πρακτικά, είναι πάντα και παντού οι ίδιες, εφόσον το κλίμα και
οι φυσικές συνθήκες είναι ίδιες. Αλλά όσο πιο ανεπτυγμένη είναι μια
αρχιτεκτονική τόσο περισσότερο διαφέρει από χώρα σε χώρα, από

πολιτισμό σε πολιτισμό. Θα ήταν τότε υπερβολή να συμπεράνει κανείς ότι ο πολιτισμός είναι που διαφοροποιεί τους ανθρώπους και τους κάνει να διαφέρουν, καθώς αναπτύσσεται και γίνεται η επεξεργασία του, ακολουθώντας διαφορετικούς δρόμους σε διαφορετικές περιοχές και χώρες; Δεν μπορώ ακόμα να απαντήσω σε αυτό το ερώτημα για τους ανθρώπους, αλλά όσο περισσότερο ταξιδεύω τόσο περισσότερο πείθομαι για την ισχύ αυτής της αρχής όσον αφορά την αρχιτεκτονική και την κατασκευή.

Ο ήχος του τυμπάνου πάλι.

Η μουσική συνεχίζεται, έχουν πια περάσει τα μεσάνυχτα κι αυτός ο ήχος του τυμπάνου δεν με αφήνει να κοιμηθώ. Σηκώνομαι και τριγυρίζω στον κήπο. Ιδέες έρχονται συνεχώς στο μυαλό μου λες και ανεβαίνουν από το υποσυνείδητό μου με το χτύπημα του τυμπάνου.

Σκέφτομαι πάλι τους ανθρώπους, αυτές τις μάζες των άγνωστων ανθρώπων που βρίσκονται γύρω μου, που άλλοι κοιμούνται στα γύρω σπίτια και που άλλοι χορεύουν και γλεντούν.

Ποιοι είναι αυτοί οι άνθρωποι; Σε ποιο βαθμό άραγε ενδιαφέρονται για τη δουλειά μου; Ποια είναι η πραγματική δικαίωση τής εδώ παρουσίας μου; Οφείλεται στην ανάγκη για τεχνικές συμβουλές που έχουν οι άνθρωποι; Οφείλεται στην ανάγκη ανάπτυξης ή μόνο σε κάποιο ξένο σχέδιο, που επινοήθηκε κάπου στο εξωτερικό ή από κάποιους Πακιστανούς εκπαιδευμένους στη Δύση; Υπάρχει κάποιου είδους δικαίωση γι' αυτή την αναπτυξιακή προσπάθεια και για την παρουσία μας σε αυτή την άγνωστη γη ανάμεσα σε αγνώστους ανθρώπους;

Προσπαθώ να ανακεφαλαιώσω τις ως τώρα εμπειρίες μου. Υποστηρίζουν οι άνθρωποι την ανάπτυξη; [...] Πιστεύω ότι σχεδόν όλοι οι άνθρωποι που συνάντησα [...] ενδιαφέρονταν για ό,τι συμβαίνει και έχουν εκφράσει με κάθε τρόπο τη συμμετοχή τους στη μεγάλη επανάσταση που συντελείται. Αυτοί ήταν οι άνθρωποι που ενδιαφέρονταν για την ανάπτυξη, για δράση. [...]

Για αρκετά από τα τελευταία χρόνια με απασχόλησε πολλές φορές το ερώτημα αν η παρέμβασή μας σε υποανάπτυκτες χώρες ήταν ηθικά δικαιωμένη. Σκεφτόμουν τις δυνάμεις που εναντιώνονταν στην εισβολή ενός ξένου πολιτισμού, που εμφανίστηκαν σε πολλές χώρες στο παρελθόν, όπως τα κινήματα των Παλαιών Πιστών στη Ρωσία[13] ή τους Ουαχαμπίτες (Wahhabis)[14], τους Sannusi, τους Idrisis[15], τους Μαχντί (Mahdists)[16] και άλλες πουριτανικές δοξασίες του ισλαμικού κόσμου που εναντιώθηκαν στους Οθωμανούς, οι οποίοι πρόδωσαν το Ισλάμ για να ακολουθήσουν το δυτικό μονοπάτι. [...]

Αλλά σε όλες αυτές τις περιπτώσεις, αυτά τα αντιδραστικά (ας τα πούμε προσωρινά έτσι) στοιχεία είναι τα συντηρητικά στοιχεία της χώρας, που αντιστάθηκαν στην ανάπτυξη με τη σύγχρονη έννοια της λέξης, ενώ υποστήριζαν τον παραδοσιακό τρόπο ζωής. [...]

Αλλά όταν το αντιδραστικό πνεύμα δεν αντιπροσωπεύεται από τα πιο συντηρητικά στοιχεία μιας χώρας, δηλαδή από τους ανθρώπους που ζουν σύμφωνα με τους παραδοσιακούς τρόπους και πολεμούν ενάντια σε κάθε αλλαγή, αλλά από ανθρώπους που έχουν αφομοιώσει από τη Δύση μερικά από τα επιφανειακά και όχι πρωταρχικά στοιχεία του πολιτισμού της (επίσημα σακάκια, ποτά και κάπνισμα), τότε δεν μου απομένει κανένα ερώτημα ούτε καν η ελάχιστη αμφιβολία για την ηθική δικαίωση της αποστολής μας και του ρόλου μας.

Τα τύμπανα χτυπάνε. [...]

Ⅰ Ο ΑΡΧΙΜΗΧΑΝΙΚΟΣ Κ. ΑΖΑΜ[17]. Συζητάμε ξανά τις ιδέες του, που άκουσα για πρώτη φορά στο Δελχί. Πιστεύει ότι οι βεράντες είναι άχρηστο έξοδο. Επιμένει ότι δεν πρέπει να κατασκευάζουμε βεράντες που θα μπορούσαν να μεταβληθούν σε δωμάτιο, που θα κοστίσει περισσότερο, γιατί καλύτερο θα ήταν να χτιστεί ένα δωμάτιο.

Φοβάμαι πως δεν θα συμφωνήσω με τις προτάσεις του για την αφαίρεση ενός από τα πιο σημαντικά στοιχεία ζωής για πολλούς λόγους. Ιδιαίτερα, μάλιστα, επειδή πιστεύω ότι οι βεράντες προσφέρουν την καλύτερη προστασία ενάντια στη ζέστη και επιτρέπουν να ζήσει κανείς ανάμεσα στον εντελώς ανοιχτό χώρο και το εντελώς κλειστό σπίτι, κάτι που είναι απαραίτητο σε ένα τέτοιο κλίμα.

Μετά έχουμε μια εκτενή συζήτηση για την ανάγκη μιας σχολής αρχιτεκτονικής και πολεοδομίας. Ο κ. Azam πιστεύει ότι υπάρχει μεγάλη ανάγκη για μια σχολή. Συμφωνώ μαζί του ότι χωρίς μια κατάλληλη σχολή δεν υπάρχει ελπίδα για καλύτερο σχεδιασμό, ανεξάρτητα από τα ποσά που θα δαπανηθούν για ξένους πολεοδόμους. Αυτοί μπορούν να χρησιμοποιηθούν σε ελάχιστες περιπτώσεις, αλλά θα ήταν χρήσιμοι ως πυρήνες γύρω από τους οποίους οι Πακιστανοί πολεοδόμοι θα μπορούσαν να εξελιχθούν. Βέβαια, θα πάρει πολύ χρόνο ώσπου να δημιουργηθούν ντόπιοι πολεοδόμοι, και τα πρώτα χρόνια θα είναι απαραίτητο πολύ ξένο ταλέντο, αλλά κάποια μέρα, όσο νωρίτερα τόσο το καλύτερο, θα πρέπει να δημιουργηθεί μια σχολή αρχιτεκτονικής και πολεοδομίας.

88

10.11.1954

▌ΑΠΟ ΤΗ ΛΑΧΟΡΗ ΣΤΗ ΛΑΪΑΛΠΟΥΡ (LYALLPUR)[18]. Νωρίς το πρωί φεύγουμε με αυτοκίνητο με μια μεγάλη ομάδα εκπροσώπων της Αστικής Ανάπτυξης και Πολεοδομίας για τη Λαϊαλπούρ. [...] Πρώτα επισκεπτόμαστε ένα τυπικό χωριό των 100-150 οικογενειών. [...] Ανάμεσα στο σχολείο και στο τζαμί, και πλησιέστερα στο δεύτερο, υπάρχει ένα στέγαστρο καλυμμένο με αχυρένιες ψάθες. Πρόκειται για ένα είδος ημιυπαίθριου χώρου συνάθροισης για τους άντρες του χωριού, οι οποίοι μαζεύονται εδώ για να συζητήσουν τα προβλήματά τους [εικ. 88].

89

90

91

Βαδίζουμε στα στενά δρομάκια του χωριού. Λίγα σπίτια έχουν πρόσβαση από τους δρόμους. Μερικά από αυτά προστατεύονται από βεράντα στεγασμένη ελαφρά με αχυρένια στέγη [εικ. 89]. Τα περισσότερα, όμως, σπίτια δεν έχουν καθόλου ανοίγματα προς τον δρόμο, οι θύρες τους ανοίγουν σε μικρές αυλές με τοίχους από λάσπη, που διακρίνονται από τον δρόμο [εικ. 90]. Όλα τα σπίτια είναι καλοχτισμένα με λάσπη, εκτός από το μεγάλο τζαμί του χωριού, που είναι κατασκευασμένο με το σύστημα pucca[19]. Οι αυλές είναι πολύ καθαρές και όλα τα πράγματα μέσα τους είναι τακτοποιημένα. Αυτή είναι μια από τις λίγες περιοχές όπου οι αρχιτεκτονικές μορφές είναι τόσο καθαρές. Σε πολλές περιπτώσεις θυμίζουν μεσογειακή αρχιτεκτονική, αν και τα υλικά είναι εντελώς διαφορετικά [εικ. 91]. [...]

▌ Η ΠΑΛΙΑ ΠΟΛΗ ΤΗΣ ΛΑΪΑΛΠΟΥΡ. Η Λαϊαλπούρ χτίστηκε περίπου πριν από 150 χρόνια, με ίσιους αλλά στενούς δρόμους. Αυτή η πόλη σήμερα υποφέρει από υπερπληθυσμό. Το πιο χαρακτηριστικό σχόλιο που μπορούμε να κάνουμε είναι ότι η ζωή της απλώνεται στους δρόμους λες και πλημμύρισε πέρα από τις αυλές της. Έμποροι και τεχνίτες δουλεύουν στους δρόμους. Οι δρόμοι έχουν μετατραπεί σε αποθήκες και στάβλους. Τα βόδια ζουν μόνιμα εκεί. Παρ' όλες τις κακές συνθήκες που επικρατούν σε μια τόσο ασφυκτικά κατοικημένη πόλη, παρατηρούμε ότι είναι γεμάτη ζωτικότητα. Τα σπίτια είναι καλοδιατηρημένα και μερικά από αυτά, μαζί με τα θρησκευτικά κτήρια, συντηρούνται σωστά. [...]

11.11.1954

Ι Η ΣΧΕΔΙΑΣΜΕΝΗ ΠΟΛΗ-ΔΟΡΥΦΟΡΟΣ ΣΑΡΓΚΟΝΤΑ (SAR-GHODA). [...] Έχω μια συζήτηση με τους εκπροσώπους της πόλης για τις συνθήκες που επικρατούν εδώ. Αναφέρω ειδικά το γεγονός ότι πολλές νοικοκυρές μαγειρεύουν στους δρόμους. Αυτό δείχνει ότι οι δημόσιοι χώροι, οι δρόμοι, οι πλατείες, κ.λπ. είναι τόσο μεγάλοι και τα οικοδομικά τετράγωνα τόσο μικρά, ώστε να μην υπάρχουν σπίτια με αρκετό χώρο στο εσωτερικό τους, οπότε η ζωή ξεχειλίζει προς τους δημόσιους χώρους, με αποτέλεσμα να πήζουν και να βρομίζουν.

Αυτός είναι ο λόγος που στο Πακιστάν πολλοί σύγχρονοι πολεοδόμοι προσπάθησαν να αποφύγουν να προβλέψουν θύρες πάνω στους κεντρικούς δρόμους, εξαναγκάζοντας τους ανθρώπους να χρησιμοποιούν τα πίσω στενά. [...] Ποιος θα χρησιμοποιεί τότε αυτούς τους δρόμους, τους ερωτώ. Φαίνεται πως εννοούν τους περαστικούς. Και τότε τι θα κάνουν οι ντόπιοι; Θα χρησιμοποιήσουν τα πίσω στενά; Τότε δεν θα καταντήσουν κι αυτά βρόμικα και πηγμένα; Ναι, αλλά οι περαστικοί δεν θα το βλέπουν. [...] Ο κακός και ανεπαρκής πολεοδομικός σχεδιασμός είναι ο λόγος που οι κάτοικοι αναγκάζονται να ζουν στους δρόμους. [...]

Ι ΑΠΟ ΤΟ ΤΖΟΧΑΡΑΜΠΑΝΤ (JAUHARABAD) ΣΤΗΝ ΠΕΣΑΒΑΡ (PESHAWAR). [...] Στη διάρκεια αυτής της διαδρομής μέσα στο σκοτάδι της χειμωνιάτικης νύχτας, είχα την ευκαιρία να σκεφτώ τι είδα σήμερα. Με δέος σκέφτομαι αυτή την κολοσσιαία προσπάθεια και το πέρασμα της ιστορίας σε αυτό το κομμάτι του Πακιστάν. Εδώ η έρημος μετατρέπεται σε κατοικημένη γη. [...] Οι πόλεις δεν γεννιού-

92

νται καθημερινά, αυτό συμβαίνει μόνο σε περιόδους ιστορικής δημιουργίας στην ανθρωπότητα. Έχει φτάσει το κρίσιμο σημείο γι' αυτή την περιοχή, κι αν είναι να συμβεί για την καλύτερη ανάπτυξη της περιοχής, τότε πρέπει να συμβεί τώρα. Έχω την εντύπωση ότι συμμετέχουμε σε έναν αγώνα. Οι πολεοδόμοι συναγωνίζονται με όσα συμβαίνουν στην πράξη. Αν η πράξη προηγηθεί του σχεδιασμού, τότε η συμβολή τους θα είναι πολύ μικρή. Εδώ και πολλές βδομάδες τώρα έχω αρχίσει να ανησυχώ για την έλλειψη πολεοδόμων και πολεοδομίας. Σήμερα η ανησυχία μου έφτασε στο υπέρτατο σημείο. Η υποχρέωσή μου να δημιουργήσω κάτι καλύτερο δεν είναι μόνο μεγάλη, αλλά απαιτεί και άμεση δράση. Αν δεν είμαι ικανός να συμβάλω έγκαιρα στη λύση του μεγάλου οικιστικού προβλήματος, τότε ο ρόλος μου θα είναι πιο κοντά στον ρόλο ενός ιστορικού των οικιστικών συμβάντων ή ενός γεωγράφου αλλά όχι ενός πολεοδόμου. Παρ' όλο το σεβασμό μου προς την Ιστορία, δεν πιστεύω πως δικαιούμαι να περιορίσω τη δράση μου στο Πακιστάν στη δραστηριότητα του χρονογράφου. Με έχουν προσλάβει για κάτι διαφορετικό, κι αυτό θα πρέπει να προσφέρω στους ανθρώπους που είναι υπεύθυνοι για το μέλλον του Πακιστάν. [...]

❚ Η ΠΟΛΗ ΠΕΣΑΒΑΡ. [...] Τριγυρίζοντας για δυο μέρες στην πόλη Πεσαβάρ, σταματώ στο μνημείο που βρίσκεται στην κεντρική πλατεία, ένα μνημείο που έχω ήδη δει πολλές φορές. Είναι το παλιό μνημείο της βασίλισσας Βικτωρίας, αλλά το άγαλμα της Βικτωρίας τώρα έχει αφαιρεθεί. Το έβγαλαν μετά τη διχοτόμηση της Ινδίας – το μνημείο υπάρχει, αλλά το άγαλμα έχει χαθεί [εικ. 92].

Τώρα κατάλαβα γιατί πρόσεξα αυτό το μνημείο. Δεν είναι συμβολικό της κατάστασης που αντιμετωπίζουμε; Δεν φτάσαμε στο σημείο όπου το Πακιστάν έχει απορρίψει τα παλιά σύμβολα, αλλά δεν έχει ακόμα δημιουργήσει νέα; Δεν είναι το πρόβλημά μας να βοηθήσουμε να δημιουργηθεί μια νέα εποχή με νέα σύμβολα; Δεν έφτασε το Πακιστάν στο σημείο να εγκαταλείψει τα πρότυπα παλαιού τύπου για τις πόλεις και τα χωριά του και να τα αντικαταστήσει με κάτι νέο; Με κάτι που ακόμα δεν έχει δημιουργηθεί; [...]

19.11.1954
[...] Εδώ και λίγες ώρες βρίσκομαι μακριά από το Πακιστάν, αλλά ήδη αισθάνομαι ότι η γεωγραφική απόσταση μού επιτρέπει να σκέφτομαι πιο καθαρά τα γεγονότα που συνέβησαν τις τελευταίες έξι εβδομάδες. [...] Ασχολούμαστε συνήθως μόνο με ό,τι συνέβη [...] και σκεφτόμαστε ξανά και ξανά το πώς θα πολλαπλασιάσουμε αυτό που είναι καλό και το πώς θα αφαιρέσουμε ό,τι είναι κακό. Νομίζω πως αυτός είναι ένας γραφειοκρατικός-διοικητικός τρόπος προσέγγισης των γεγονότων και των καταστάσεων. Σίγουρα δεν είναι ο καλύτερος τρόπος, για να συνειδητοποιήσει κανείς ένα κολοσσιαίο πρόβλημα ενός ολόκληρου κράτους. [...] Ένας από τους κύριους λόγους του γραφειοκρατικού τρόπου προσέγγισης είναι η σύνδεσή μας με το αντικείμενο [...]. Αυτός είναι ο κύριος λόγος που μας επιβάλει να αποσυνδεθούμε από το καθαυτό πρόβλημα, να αυξήσουμε την απόσταση ανάμεσά μας. [...] Τώρα που το αεροπλάνο με παίρνει μακριά, συνειδητοποιώ ότι η απόσταση με βοηθάει να δω πιο καθαρά το πρόβλημά μου.

ΗΜΕΡΟΛΟΓΙΟ ΤΟΥ ΠΑΚΙΣΤΑΝ

Ιανουάριος - Φεβρουάριος 1955[20]

20.1.1955 ΤΑΞΙΔΙ ΠΡΟΣ ΤΟ ΠΑΚΙΣΤΑΝ

Ι Ο ΑΜΕΣΟΣ ΣΤΟΧΟΣ. Στις 17:45 φεύγω από το αεροδρόμιο της Αθήνας προς Βηρυτό στην πορεία μου προς το Καράτσι για τη δεύτερη επίσκεψή μου στο Πακιστάν. Στα πρώτα λεπτά κοιτάζω ένα γύρω, για να θαυμάσω το κλασικό τοπίο της Αττικής. Το σύγχρονο αεροπλάνο, όμως, μας παίρνει αμέσως μακριά και σε λίγα λεπτά αισθάνομαι ότι κατευθύνομαι προς το Πακιστάν.

Από αυτή τη στιγμή αρχίζω να ξαναθυμάμαι την εμπειρία των περασμένων μηνών και να σκέφτομαι το επόμενο βήμα στο Πακιστάν. Αυτή τη φορά έχω μαζί μου το πρόχειρο της κύριας έκθεσης για την οικιστική του Πακιστάν μαζί με το ημερολόγιο του πρώτου ταξιδιου. Όσο μειώνεται η απόσταση με κάθε λεπτό που περνά, τόσο αισθάνομαι να μεγαλώνει η ανησυχία μου, καθώς σκέφτομαι τις άμεσες ανάγκες του Πακιστάν. Στις αποσκευές μου έχω ένα μακροπρόθεσμο πρόγραμμα, που οραματίζεται το μέλλον και τη ζωή των γενεών που έρχονται. [...]

Όσο μειώνεται η απόσταση από το Πακιστάν και από τις επαφές που θα έχω σε μερικές μέρες, τόσο ενισχύεται η αίσθηση ότι θα έπρεπε να κάνω κάτι για το παρόν, κάτι που θα έπρεπε να είχε γίνει στην πραγματικότητα χθες, έτσι ώστε να αντιμετωπιστεί το παρόν και το μέλλον. Είναι η ίδια αίσθηση που είχα μερικές βδομάδες πριν, όταν μιλούσα για την οικιστική κατάσταση με τον κεντρικό γραμματέα της Ανατολικής Βεγγάλης ή τους υπεύθυνους της Διεύθυνσης Αστικής Ανάπτυξης στη Λαχόρη [...] και με πολλούς άλλους, που ασχολούνται τόσο πολύ με τα προβλήματα της επομένης στιγμής, ώστε δεν έχουν χρόνο να συζητήσουν ούτε εκείνα της επόμενης χρονιάς.

[...] Αισθάνομαι ότι το καθήκον μου, παρ' όλες τις άμεσες ανάγκες, είναι να [...] ετοιμάσω πρώτα το μακροπρόθεσμο σχέδιο, το οποίο θα μπορούσε κατόπιν να συνοδευτεί από ένα βραχυπρόθεσμο κι ένα σχέδιο τεχνικής βοήθειας, μια ανάγκη που θεωρούν επιτακτική όσοι σχετίζονται με την ανάπτυξη.

Θυμάμαι τις ερωτήσεις που μου έκαναν αναρίθμητοι άνθρωποι, επειδή ανησυχούν για το παρόν. Δεν είναι το παρόν το θεμέλιο για ένα καλύτερο μέλλον; Δεν θα έπρεπε να ξεκινήσουμε από αυτό; Η απάντησή μου είναι πάντα ναι. Πράγματι, χρειάζεται να αρχίσουμε από το παρόν, αλλά [...] δεν αρχίζουμε να σχεδιάζουμε από τα θεμέλια. Εκείνο που χρειάζεται να συλλάβουμε και να σχεδιάσουμε πρώτα είναι ολόκληρο το κτήριο. [...]

Ι ΠΡΟΓΡΑΜΜΑ ΔΡΑΣΗΣ. Τώρα που ξεκαθάρισα τις ιδέες μου μπορώ να αρχίσω να σκέφτομαι το πρόγραμμα δράσης στη διάρκεια των επόμενων εβδομάδων και μηνών. [...] Οπότε θα πρέπει κυρίως να κάνω ερωτήσεις και να παρατηρώ, να είμαι περισσότερο δέκτης παρά πομπός ιδεών και εντυπώσεων. [...]

Ι Η ΜΟΡΦΗ ΤΟΥ ΗΜΕΡΟΛΟΓΙΟΥ. Τώρα που έχω την εμπειρία από τον πρώτο τόμο του ημερολογίου, μπορώ να το ξαναχρησιμοποιήσω, για να ξαναζήσω τις στιγμές, τις εντυπώσεις και τις εμπειρίες, και να τις καταλάβω καλύτερα. Οπότε, αποφασίζω ότι αυτό είναι ένα απαραίτητο μέρος της δουλειάς μου. Αν είναι πολύτιμο για μένα κάθε στιγμή, θα είναι πιθανώς πολύτιμο και για άλλους, που ασχολούνται με παρόμοια προβλήματα. Η αξία του θα μεγαλώνει με το πέρασμα του χρόνου, καθώς θα μπορούμε αργότερα να συγκρίνουμε τις πληροφορίες και τις εντυπώσεις που είχαμε στην αρχή της προσπάθειάς μας με το πώς εξελίχθηκαν στη διάρκεια της ανάπτυξης.

Το ημερολόγιο μπορεί να γίνει αυτή τη φορά πιο συστηματικό, και θα πρέπει να βασιστεί στην εμπειρία που αποκτήθηκε από το πρώτο. Μια από τις πιο αναγκαίες αλλαγές θα ήταν η πλήρης κατηγοριοποίηση όλων των πληροφοριών, ιδεών και εντυπώσεων κάτω από συγκεκριμένες επικεφαλίδες, που θα επιτρέψουν στον καθένα να βρει εκείνα τα σημεία που τον ενδιαφέρουν περισσότερο. [...] Θα υπάρξουν κι άλλες διαφορές σε σχέση με το πρώτο ημερολόγιο. Αυτό θα είναι πιο συνοπτικό, καθώς αυτή τη φορά δεν θα κάνω μόνο ερωτήσεις [...], αλλά θα αρχίσω να συμβάλλω στη συζήτηση [...]. Το προσωπικό μου κήρυγμα δεν θα επαναλαμβάνεται στο ημερολόγιο παρά μόνο σπάνιες φορές και με συντομία. [...]

PERPATWNTAS ME TON LEONTIEF [...]

I ΠΑΝΩ ΣΤΗ ΔΗΜΙΟΥΡΓΙΑ ΤΩΝ ΣΤΙΛ. Πριν από δύο βραδιές [...] ο Leontief[21] με ρώτησε [...] γιατί η υπέροχη αρχιτεκτονική παράδοση, που υπήρξε στο παρελθόν και ιδίως στην περίοδο των Μογγόλων, έχει εντελώς χαθεί. Τώρα προσπαθώ να εξηγήσω το γιατί.

Πιστεύω ότι η αρχιτεκτονική εκφράζει με όγκους το πολιτισμικό περιεχόμενο κάθε περιοχής και κάθε πολιτισμού. [...] Υπάρχουν περίοδοι όπου οι άνθρωποι έβρισκαν ισορροπία μεταξύ τους, με το περιβάλλον τους, τους οικισμούς και τα διαφορετικά στοιχεία του πολιτισμού τους.

Υπάρχουν περίοδοι στη διάρκεια των οποίων οι απέξω επιρροές, εάν υπήρχαν, και στις περισσότερες περιπτώσεις υπήρχαν, έχουν χωνευτεί, και τα στοιχεία τους είτε απορρίφθηκαν ως άχρηστα γι' αυτή την εποχή και γι' αυτή την περιοχή είτε αφομοιώθηκαν από τον τοπικό πολιτισμό. Έτσι δημιουργούνται τα στιλ.

Τα πραγματικά στιλ, που έχουν βαθιές ρίζες και είναι αποδεκτά από ένα ολόκληρο έθνος ή έναν ολόκληρο πληθυσμό, είναι εκείνα που είναι ντόπια ακόμα κι αν δέχτηκαν επιρροές και αφομοίωσαν ξένα στοιχεία. Αυτά είναι τα μόνα στιλ που μπορούν να δημιουργήσουν μνημειακή αρχιτεκτονική, η οποία θα διατηρηθεί σε όλη τη διάρκεια ενός συγκεκριμένου πολιτισμού. Αν προσπαθήσουμε να εισάγουμε ένα συγκεκριμένο στιλ, όπως έκαναν για παράδειγμα οι Βρετανοί στους πρόσφατους αιώνες, αυτό το στιλ δεν θα γίνει ποτέ το στιλ της νέας χώρας. Θα παραμείνει ξένο στοιχείο για πάντα, και οι άνθρωποι θα το απορρίψουν μόλις τους δοθεί η ευκαιρία.

[...] Η έλλειψη πίστης στην τοπική αρχιτεκτονική, το γεγονός ότι οι εκπαιδευμένοι σχεδιαστές και κατασκευαστές της χώρας είτε ήρθαν από τη Δύση είτε εκπαιδεύτηκαν στη Δύση, οδήγησαν τη χώρα στην απομίμηση ξένων προτύπων είτε μοντερνιστικών είτε ημιμοντερνιστικών [...].

Έτσι, η σύγχυση αυξήθηκε και μπορούμε να πούμε ότι βρισκόμαστε αντιμέτωποι με μια εντελώς χαοτική κατάσταση. Τώρα είναι που πρέπει να προσπαθήσουμε να δούμε το μέλλον. Υπάρχει μια μόνο ελπίδα για τη δημιουργία ενός νέου στιλ στο Πακιστάν: να κοιτάξουμε για την προέλευσή του εκεί όπου η αρχιτεκτονική έκφραση δεν έχει δεχτεί ξένες επιρροές. [...]

Εδώ ο Leontief διαφωνεί. Λέει ότι μπορεί να μην έχω δίκιο, πως τα πραγματικά στιλ πηγάζουν από την τοπική και τη λαϊκή τέχνη.

«Τι συμβαίνει τότε με την Αναγέννηση;» ρωτάει «Η αναγεννησιακή κίνηση δεν είναι εμπνευσμένη από μορφές αρχαιοελληνικές;» Του λέω ότι αυτό το ερώτημα μού είχε προξενήσει σύγχυση πριν από πολλά χρόνια. [...] Όταν επισκέφθηκα την Ιταλία κι είχα την ευκαιρία να δω τα χωριά και τις μικρές πόλεις, πείστηκα τελείως ότι η αρχιτεκτονική της Αναγέννησης [...] ήταν η έκφραση της ιταλικής αρχιτεκτονικής όπως εφαρμοζόταν σε όλη την ύπαιθρο επί αιώνες μέχρι και σήμερα. [...]

Ας λάβουμε ένα συγγενικό παράδειγμα, το Πακιστάν. Εδώ, μαζί με τους πρώτους μουσουλμάνους που κήρυτταν τη νέα θρησκεία, εμφανίστηκαν μορφές αρχιτεκτονικής από τις βόρειες ορεινές και άγονες περιοχές της Ασίας. Αυτή η αρχιτεκτονική μού φαίνεται πως ήρθε σε δύο κύματα, στην αρχή με τους πρώτους ιεροκήρυκες που έχτισαν τα πρώτα τζαμιά και μετά με τους μεγάλους Μογγόλους [...] [εικ. 93-95].

Σήμερα μπορούμε να δούμε ξεκάθαρα την τάση για τη δημιουργία ενός νέου τύπου τζαμιών, που είναι προσαρμοσμένα σε αυτό το τροπικό, άγονο ή υγρό κλίμα [εικ. 96]. Δεν έχουν βρει ακόμα τη σωστή επίλυση, συνεχίζουν να ανακατεύουν παραδοσιακές και ορθολογικές λύσεις, αλλά η τάση για τη δημιουργία νέων αρχιτεκτονικών μορφών υπάρχει ασφαλώς. [...]

Εδώ έχουμε μια ολόκληρη υποήπειρο με εξαιρετικά ζωντανή αρχιτεκτονική παράδοση σε πολλές περιοχές της. [...] Είναι απίθανο να βρω κάτι για τις εκατοντάδες εκατομμύρια σπίτια και κτίσματα, που απλώνονται πάνω σε αυτή την υποήπειρο, στις εκατοντάδες μονογραφίες για αρχιτεκτονική και τέχνη που υπάρχουν. [...]

93

94

95

96

Μόνο όταν μελετήσουμε το σύνολο των αρχιτεκτονικών εκφράσεων ενός έθνους, μπορούμε να αποκτήσουμε μια πραγματική εικόνα για τα επιτεύγματα και τις διαφορετικές δυνατότητες που υπάρχουν για το παρόν και το μέλλον. [...]

28.1.1955 ΕΠΙΣΚΕΨΗ ΣΤΗ ΣΙΝΔ (SIND)

Ι ΤΟ ΧΩΡΙΟ ΓΚΑΡΟ (GHARO). Πρόκειται για ένα από τα χωριά που το σημαντικότερο χαρακτηριστικό τους είναι οι παράδοξοι αεραγωγοί που έχουν στις στέγες, για να πιάνουν τη νοτιοδυτική αύρα που έρχεται από τη θάλασσα. Η ανάγκη γι' αυτούς τους εξαεριστήρες μπορεί να εξηγηθεί.

Λόγω της απαίτησης για απομόνωση των γυναικών, τα σπίτια αυτά, που είναι ισόγεια, δεν διαθέτουν παράθυρα στους εξωτερικούς τους τοίχους, οπότε υποχρεώνονται να ανοίγουν εξαεριστήρες στις οροφές τους με τέτοιο τρόπο, ώστε να εισέρχεται κάποια δροσιά στα δωμάτιά τους.

Οι περισσότεροι από αυτούς τους εξαεριστήρες έχουν ένα κινητό κάλυμμα, το οποίο ελέγχεται με ένα σκοινί από το εσωτερικό του δωματίου που βρίσκεται από κάτω του. Το σκοινί συνδέεται με μια μικρή τροχαλία που βρίσκεται στο εσωτερικό του καλύμματος του εξαεριστήρα. Τραβώντας το σκοινί από το εσωτερικό του δωματίου, οι κάτοικοι μπορούν να ανοίγουν το κάλυμμα όσο θέλουν. Το καλοκαίρι μένει συνέχεια ανοιχτό, ενώ το χειμώνα το ανοίγουν πότε πότε [εικ. 97]. [...]

Η κατασκευή των περισσοτέρων σπιτιών σε αυτό το χωριό έχει γίνει με πλίθρες επιχρισμένες με λάσπη, και οι επίπεδες στέγες είναι επίσης καλυμμένες με λάσπη. [...] Υπάρχει ένα μικρό ποσοστό από καλύτερα σπίτια, αν και φαίνεται πως ο απώτερος στόχος κάθε οικογένειας είναι, μόλις αποκτήσουν κάποια χρήματα, να χτίσουν με μαλακή πέτρα, που αφήνεται ανεπίχριστη οπότε αποκτά συνήθως ενδιαφέροντα ανάγλυφα. Πολύ συχνά μόνο η πρόσοψη αυτών των σπιτιών είναι από πέτρα. [...] Μερικά από τα καλύτερα σπίτια σε αυτό το χωριό, όπως και τα καλύτερα μικρά τζαμιά, είναι βαμμένα με πολύ έντονα χρώματα, πράγμα που δείχνει ότι οι ντόπιοι έχουν κάποιο ταλέντο στο να διαλέγουν χρώματα στην αρχιτεκτονική τους [εικ. 98, 99]. [...]

❚ ΤΟ ΝΕΚΡΟΤΑΦΕΙΟ ΜΑΚΛΙ (MAKLI). Σε απόσταση μιάμισης ώρας από το Καράτσι βρίσκεται η λοφοσειρά Μακλί, που είναι γνω-

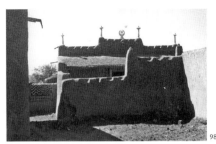

97

98

99

στή για το μεγαλύτερο νεκροταφείο της περιοχής. Στη μεγάλη σειρά των λόφων υπάρχουν τάφοι εδώ και τέσσερις ίσως και πέντε αιώνες, των οποίων ο αριθμός εκτιμάται πως πλησιάζει το εκατομμύριο. Αυτό το νεκροταφείο περιέχει τάφους όλων των ειδών, οι οποίοι ανήκουν σε άτομα διαφορετικών τάξεων, από μεγάλους κυβερνήτες της περιοχής έως φτωχούς στρατιώτες και πολίτες. [...]

Οι μεγαλύτεροι και πλουσιότεροι τάφοι ανήκουν στον 16ο και 17ο αιώνα. [...] Εκείνο που χαρακτηρίζει αυτό το νεκροταφείο είναι ότι η μνημειακή αρχιτεκτονική του ανήκει σε μια ειδική κατηγορία αρχιτεκτονικής, που θα μπορούσε να ονομαστεί Sindi, αν και δεν

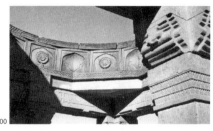

έχουμε απόδειξη πως καλύπτει όλη την περιοχή του Σινδ (Sind)[22]. [...] Παρουσιάζει τα ίδια βασικά χαρακτηριστικά μιας τέχνης που περιλαμβάνει τρεις τύπους στοιχείων: περσικά ή ιρανικά, μογγολικά και καθαρά ντόπια. [...]

Αυτοί οι τάφοι μπορούν να διαιρεθούν σε τρεις βασικές ομάδες. Στην πρώτη και πιο πολυπληθή κατηγορία [...] ανήκουν εκείνοι που βρίσκονται παντού είτε σε οργανωμένα σύνολα είτε σε μονάδες, απομονωμένοι από τους γύρω τους. Αυτές οι ομάδες κάποτε περιέχονται σε περίβολους. [...] Η δεύτερη κατηγορία είναι εκείνη που θα μπορούσαμε να πούμε ιρανική, όχι επειδή είναι ξεκάθαρα ιρανική, αλλά επειδή σε αυτούς τους τάφους επικρατούν τα ιρανικά στοι-

104

χεία. Οι τάφοι αυτοί έχουν χτιστεί από μαλακή πέτρα, που λαξεύεται με μεγάλη φροντίδα [εικ. 100-103]. [...] Η τρίτη κατηγορία τάφων είναι ποσοτικά η μικρότερη. Αυτοί ακολουθούν το στιλ των Μογγόλων. Πρόκειται για σχετικά μεγάλα κτίσματα, που επιστεγάζονται με τρούλους επιχρισμένους εξωτερικά και κάποτε και εσωτερικά. Οι περισσότεροι καλύπτονται εξωτερικά με χρωματιστά πλακίδια, που αντιγράφουν τα περσικά χρώματα και σχέδια. [...] Αυτοί οι τάφοι είναι πιο κατεστραμμένοι, γιατί τους αφαιρούνται τα πλακίδια, κάτι που συμβαίνει τους τελευταίους δύο αιώνες [εικ. 104]. [...]

Διασχίζω το νεκροταφείο και φτάνω στο κεντρικό τζαμί, που είναι ακόμα σε λειτουργία. Είναι ένα παράξενο μείγμα, με όλα τα γνωστά διακοσμητικά στοιχεία του παλιού τζαμιού σε συνδυασμό με σύγχρονα υλικά, όπως τα χρωματιστά τζάμια κάτω από την οροφή και τον μοντερνιστικό φωτισμό με ηλεκτρικό. [...] Στο πίσω μέρος αυτού του τζαμιού, περνώντας μέσα από μια μικρή αυλή, βρίσκεται ένα άλλο μικρό τζαμί όπου διάφοροι άνθρωποι προσεύχονται, ενώ σε μια γωνία του είναι αραδιασμένοι οι νεκροί, καλυμμένοι με λευκό ύφασμα, που περιμένουν να ταφούν. [...]

1.2.1955 [...]

Ι Η ΟΙΚΟΔΟΜΗ ΠΑΝΩ ΚΑΙ ΓΥΡΩ ΑΠΟ ΤΟ ΚΤΗΡΙΟ ΤΗΣ ΥΠΗΡΕΣΙΑΣ ΣΧΕΔΙΑΣΜΟΥ. [...] Εντυπωσιάζομαι από την εξαιρετικά χαμηλή ποιότητα κατασκευής του κτηρίου του Γραφείου Σχεδιασμού: από τη χρήση τσιμεντόλιθων, που είναι ένα υλικό της χειρότερης δυνατής ποιότητας ως προς την ακουστική και θερμική προστασία. Όμως, αυτή ακριβώς η προστασία είναι υψίστης σημασίας για ένα κτήριο γραφείων, ιδίως όταν αυτό προορίζεται για να στεγάσει υπηρεσίες, οι οποίες δεν έρχονται σε επαφή με το κοινό, οπότε οι υπάλληλοι θα έπρεπε να μπορούν να είναι αφοσιωμένοι στη δουλειά τους.

Ο σχεδιασμός, επίσης, δεν είναι διόλου ορθολογιστικός. Δεν υπάρχει καμιά πρόβλεψη προστασίας των θυρών και των παραθύρων από τον ήλιο ή τη βροχή. Πώς μπορούν να αποδώσουν ικανοποιητικά οι άνθρωποι κάτω από τέτοιες συνθήκες; Το μόνο ορθολογιστικό στοιχείο σε αυτό το κτήριο είναι η σκαλωσιά από μπαμπού, που είναι φτιαγμένη με τον παλιό παραδοσιακό τρόπο και αποτελείται από πολλές στάθμες, όπου στέκονται οι εργάτες και ανεβάζουν σταδιακά τα υλικά προς τα υψηλότερα σημεία [εικ. 105].

Γιατί θα πρέπει μια σκαλωσιά, που αφήνεται να κατασκευαστεί από έναν τεχνίτη, να είναι ορθολογική και το κτίσμα ανορθολογικό; Μπορεί η εξήγηση να είναι το γεγονός ότι η σκαλωσιά χρησιμοποιεί ντόπια εμπειρία, ενώ το κτίσμα χρησιμοποιεί εισαγόμενες έννοιες και υλικά, τα οποία δεν έχουν προσαρμοστεί στις τοπικές συνθήκες; [...]

Σήμερα έλαβα ένα τηλεγράφημα από τα Ηνωμένα Έθνη, το οποίο με πληροφορεί ότι η ινδική κυβέρνηση ζητάει τις υπηρεσίες

105

μου για τη διαμόρφωση στρατηγικής για τρεις τουλάχιστον μήνες. [...] Αργότερα την ίδια μέρα αναλογίζομαι ότι, ενώ θα μου ήταν πολύ δύσκολο να δεχτώ μια τέτοια πρόσκληση για τρεις μήνες, δεν θα έπρεπε να χάσω την ευκαιρία να γνωρίσω καλύτερα τα ινδικά προγράμματα, καθώς αυτό θα μας έδινε την ευκαιρία να γνωρίσουμε μέσω μιας πολύ απλούστερης περίπτωσης, και εκ των πραγμάτων, τις στρατηγικές και τις προσπάθειες για στέγαση στο Πακιστάν και στην Ινδία. Αυτό θα ήταν πολύ χρήσιμο ειδικά στον τομέα του πειραματισμού, της έρευνας και της ανάπτυξης ειδικών τύπων, που θα είχαν αξία και για τις δύο χώρες. Αν μπορούσε να υπάρξει μια τέτοια πρόβλεψη, τότε θα γινόταν μεγάλη οικονομία με τη δημιουργία ενός ερευνητικού κέντρου, το οποίο θα εξυπηρετούσε την Ανατολική και τη Δυτική Βεγγάλη, έστω και με την πρόσληψη των ίδιων ανθρώπων, που θα στελέχωναν ακόμα και δύο κέντρα. [...]

2.2.1955 [...]

▌ ΕΠΙΣΚΕΨΗ ΣΤΗΝ ΠΟΛΗ ΤΗΣ ΝΤΑΚΑ (DACCA). Μετά την
επαγγελματική συνάντηση, και καθώς τα κυβερνητικά κτήρια είναι
κλειστά από τις 16:30, έχω την ευκαιρία να επισκεφθώ διάφορες πε-
ριοχές της Ντάκα, που δεν μπόρεσα να δω στο πρώτο μου ταξίδι.
Ξεκινώ από το εμπορικό κομμάτι της παλιάς πόλης κι επισκέπτομαι
τους στενούς δρόμους, όπου βρίσκονται τα περισσότερα μικρομά-
γαζα και εργαστήρια.

Εντυπωσιάζομαι από την πολύ καλή ποιότητα κατασκευής με-
ρικών από αυτά τα κτήρια, που έχουν χτιστεί πριν από μερικές δε-
καετίες, και από την εξαιρετική τεχνική που διακρίνεται σε κολόνες
και κάγκελα από χυτοσίδηρο [εικ. 106] Ένα χαρακτηριστικό στοι-
χείο όλων των μαγαζιών σε αυτούς τους δρόμους είναι η δημιουρ-
γία ανυψωμένου επιπέδου ύψους περίπου δύο ποδιών από τη
στάθμη του δρόμου [εικ. 107]. [...]

4.2.1955

▌ ΠΤΗΣΗ ΠΡΟΣ ΡΑΧΣΑΧΙ (RAJSHAHI). [...] Η απέναντι πλευρά
του Γάγγη που βρίσκεται στην Ινδία διαφέρει από εκείνη του Πακι-
στάν. Δεν υπάρχει καθαρή διάκριση ανάμεσα σε στεριά και ποτάμι,
καθώς η στάθμη της γης εδώ είναι πολύ χαμηλότερη, κι από ό,τι
βλέπω είναι ολοφάνερο ότι υπάρχει μια αιώνια διαμάχη σε αυτή την
περιοχή ανάμεσα σε στεριά και νερό [εικ. 108].

▌ ΑΓΡΟΙΚΙΕΣ ΚΑΙ ΑΓΡΟΤΕΣ ΣΤΗΝ ΠΕΡΙΟΧΗ ΤΟΥ ΠΑΝΕΠΙΣΤΗ-
ΜΙΟΥ ΡΑΧΣΑΧΙ. [...] Επισκέπτομαι τις διάφορες αγροικίες που

έχουν απαλλοτριωθεί για τη δημιουργία του νέου πανεπιστημίου. Τα σπίτια των χωρικών σε αυτή την περιοχή, που υποδιαιρείται σε ιδιοκτησίες λίγων στρεμμάτων, είναι διάσπαρτα κι έχουν τη μορφή μονοκατοικιών. [...] Το πιο απλό είδος μιας τέτοιας καλύβας αποτελείται από ένα δωμάτιο διαστάσεων 10x20 πόδια, με μία βεράντα στη μία πλευρά του, ανυψωμένο όλο σε ένα βάθρο, με τοίχους από μπαμπού και οροφή από άχυρα. Εδώ βλέπει κανείς ότι δεν υπάρχουν παράθυρα και ότι η είσοδος είναι πολύ μικρή. Η ρύθμιση του αέρα και του φωτός γίνεται μέσα από τα κενά των μπαμπού στους τοίχους. Το μόνο στοιχείο που είναι τελείως στεγανό, προφυλάσσοντας από τον άνεμο και τον ήλιο, είναι η οροφή [εικ. 109, 110].

Μετά επισκέπτομαι ένα από τα σπίτια μιας ομάδας από τέσσερις μονάδες, που βλέπουν σε αυλές οι οποίες επικοινωνούν μεταξύ τους. Η παλιότερη οικογένεια ζει σε μια από τις αυλές κι ο γιος τους με την οικογένειά του ζουν στη γειτονική. Αυτός είναι γεωργός με πενταμελή οικογένεια και ζει καλλιεργώντας μάνγκο σε ένα μικρό χωράφι [εικ. 111].

Επίσης, καλλιεργεί ρύζι και χρησιμοποιεί μια παλιά παραδοσιακή μέθοδο, για να το καθαρίσει αντί για μύλο. Μετακινεί έναν βαρύ κορμό δέντρου με το δεξί του πόδι, καθώς ισορροπεί κρατώντας ένα οριζόντιο μπαμπού συνδεμένο με δύο κατακόρυφα –το ρύζι βρίσκεται μέσα στην τρύπα στο έδαφος. Μοιάζει να παράγει όλα όσα χρειάζεται για το νοικοκυριό του και την οικογένειά του. [...] Το σπίτι είναι ανυψωμένο πάνω σε μια βάση ύψους δύο ποδιών, με βεράντα στις δύο πλευρές του, και δείχνει περιποιημένο. Οι τοίχοι του έχουν κατασκευαστεί από παχιά λάσπη πάνω σε πλέγμα από μπαμπού. Μια ειδική ψάθα από άχυρο χρησιμεύει ως είσοδος, η οποία ελέγχει επίσης τον αερισμό και τον φωτισμό [εικ. 112]. [...]

111

112

113

ΑΠΟ ΤΗΝ ΠΕΡΙΟΧΗ ΤΟΥ ΠΑΝΕΠΙΣΤΗΜΙΟΥ ΠΡΟΣ ΤΟ ΡΑΧΣΑΧΙ
ΣΥΝΟΙΚΙΣΜΟΙ ΚΑΤΑ ΜΗΚΟΣ ΤΟΥ ΕΠΑΡΧΙΑΚΟΥ ΔΡΟΜΟΥ.
Καθώς επιστρέφουμε, μου προσφέρεται η ευκαιρία να σταματήσω
σε διάφορα σημεία και να επισκεφθώ τους οικισμούς. Πλησιάζοντας
προς την πόλη, δεν συναντάμε πια τις μεμονωμένος καλύβες αλλά
ολοένα και μεγαλύτερες ομάδες από αυτές. [...] Ο συνηθισμένος
τρόπος κατασκευής σε όλους αυτούς τους οικισμούς είναι η μονό-
χωρη καλύβα, που συχνά είναι πολύ μικρού μεγέθους. Η δομή της
είναι πολύ απλή [εικ. 113]. [...]

114

115

116

117

118

Πλησιέστερα στην πόλη υπάρχουν πολλοί ημιαστικοί συνοικισμοί, οι οποίοι κατοικούνται κυρίως από εργάτες της πόλης. Σε αυτή την περίπτωση, αποτελούνται από πολύ μικρές μονόχωρες καλύβες χωρίς πολύ χώρο ανάμεσά τους [εικ. 114]. Σε άλλες τοποθεσίες υπάρχουν πολύ μεγαλύτερες καλύβες. Μερικές από αυτές είναι ανοιχτές πάνω στον δρόμο και μερικές περιβάλλονται από αυλές [εικ. 115] [...].

5.2.1955
∎ Η ΠΟΛΗ ΡΑΧΣΑΧΙ. [...] Το μεγάλο τζαμί βρίσκεται πάνω από πολλά μαγαζιά, τα οποία στεγάζονται από μια επίπεδη στέγη. Πάνω σε αυτή τη στέγη στέκονται οι άνθρωποι, καθώς προσεύχονται ή περιμένοντας να φτάσει η ώρα της προσευχής [εικ. 116]. Μπροστά του βρίσκεται η μεγάλη εμπορική πλατεία του Ραχσάχι, με μονώροφα και διώροφα κτίσματα, κατασκευασμένα μερικές δεκαετίες πριν. [...] Εδώ συναντώ τους πιο εντυπωσιακούς επαίτες που έχω δει ποτέ στη ζωή μου −σε όλα μου τα ταξίδια. Θα μπορούσα να τους ονομάσω τραγουδιστές ζητιάνους, γιατί από νωρίς το πρωί ως αργά τη νύχτα, όποτε περάσω από αυτή την πλατεία, τραγουδούν με δύο φωνές κάποια μελωδία, αν και χρησιμοποιούν μόνο μια λέξη: «Αλλάχ». Φαίνονται νέοι και υγιείς, κάτι που αποδεικνύεται επίσης από το γεγονός ότι όταν τραγουδούν κινούν το σώμα τους ρυθμικά, κάτι που μπορεί να κάνει για τόσες ώρες μόνο ένα υγιές άτομο [εικ. 117]. [...]

Εδώ πάλι έχουμε τις χειρότερες λύσεις για νέες κατοικίες. Υπάρχουν συγκροτήματα (χτισμένα για τις οικογένειες των κατώτερων υπαλλήλων αυτού το κολεγίου, που εργάζονται ως δουλοπάροικοι, καθαριστές κ.λπ.), τα οποία αν και μόλις ολοκληρώθηκαν, δείχνουν πόσο ανεπαρκής ήταν ο σχεδιασμός τους. Οι τοίχοι στα όρια ιδιοκτησίας έχουν χτιστεί με το σύστημα κατασκευής katcha, για να προστατεύονται οι είσοδοι των κτηρίων και να δημιουργείται μια μικρή αυλή μπροστά από τις κατοικίες. Αυτό αποδεικνύει το πώς ένα κτήριο που μοιάζει να είναι προσεκτικά και απλά σχεδιασμένο είναι στην πραγματικότητα ελλιπές, και ότι θα υποστεί μετατροπές, αν δεν εξυπηρετεί όλες τις ανάγκες των ανθρώπων που πρόκειται να ζήσουν σε αυτό [εικ. 118].

Ι ΚΑΤΟΙΚΙΑ. Αρχίζουμε με τα καλύτερα σπίτια των εμπόρων, οι οποίοι κατοικούν στον πρώτο όροφο διώροφων κτισμάτων, ενώ στο ισόγειο βρίσκεται το κατάστημά τους. Πρόκειται για τα λιγοστά σπίτια που έχουν κτιστεί με το σύστημα κατασκευής pucca στην πόλη, με εξαίρεση εκείνα που βρίσκονται στις παρυφές της, όπου ζουν οι υψηλόβαθμοι δημόσιοι υπάλληλοι. Ο συνηθισμένος τύπος κατοικίας, όμως, περίπου το 90-95% της πόλης, είναι τα σπίτια με κατασκευή katcha, που ήδη βλέπαμε στην περιφέρειά της [εικ. 119]. Αν και χτισμένα σε αστική περιοχή, αυτά τα σπίτια μοιάζουν εντελώς αγροτικά, καθώς έχουν προστεθεί μικροί σταύλοι για αγελάδες κι άλλα οικόσιτα ζώα [εικ. 120]. [...] Ακόμα και οι εύπορες οικογένειες ζουν σε σπίτια κατασκευής katcha, με τη διαφορά πως αυτά είναι καλύτερα διαμορφωμένα και φροντισμένα. [...]

Το καλύτερο κτήριο της πόλης, και το πιο ενδιαφέρον, μοιάζει να είναι το παλιότερο τζαμί, το οποίο είναι χτισμένο πλάι στον τάφο ενός σημαντικού μουσουλμάνου αγίου. Η είσοδος στην ειδική αυλή με τον τάφο παρουσιάζει στοιχεία που φανερώνουν σημαντική επιρροή από τα αποικιακά κτίσματα [εικ. 121]. [...]

119

120

121

Η ΤΕΧΝΗ ΤΗΣ ΒΕΓΓΑΛΗΣ

▌ΣΤΗΝ ΚΑΤΟΙΚΙΑ ΤΟΥ ΑΝΤΙΠΡΥΤΑΝΗ. Αργά το απόγευμα επισκέπτομαι το σπίτι του αντιπρύτανη, στο οποίο προσκλήθηκα για δείπνο, όπου συναντώ τη γυναίκα του και μερικά μέλη του διδακτικού προσωπικού του κολεγίου.

Η συζήτηση στη διάρκεια του δείπνου και, ιδίως μετά από αυτό, στη βεράντα με θέα προς τον Γάγγη, αναφέρεται στα προβλήματα του νέου Πανεπιστημίου. Αισθάνομαι πολύ άνετα σε ένα τέτοιο πολιτισμένο περιβάλλον, όπου τα δωμάτια είναι διακοσμημένα σύμφωνα με το πνεύμα της Βεγγάλης, με ντόπια παραπετάσματα, έργα ζωγράφων της Βεγγάλης και μερικά πολύ ενδιαφέροντα κομμάτια ντόπιας χειροτεχνίας.

Ενισχύεται η άποψή μου ότι αν και δεν έχει γίνει προσπάθεια να ενισχυθεί η παρουσία της τέχνης της Βεγγάλης στις κατοικίες της υψηλότερης τάξης και στα κυβερνητικά κτήρια, εδώ δείχνει να έχει σίγουρα επιτευχθεί. Το αποδεικνύουν τα στοιχεία. Αναμφίβολα, ένας τέτοιος στόχος είναι δύσκολος, καθώς τα στοιχεία της ντόπιας τέχνης βρίσκονται σε πρωτόγονο στάδιο, περισσότερο από πολλές άλλες χώρες, και δεν μπορούν να συνδεθούν εύκολα με τα στοιχεία της σύγχρονης τεχνικής που χρησιμοποιείται στα κτήρια και τις κατοικίες της υψηλότερης τάξης.

Σίγουρα υπάρχει πολύ μεγάλο χάσμα ανάμεσα στη λαϊκή τέχνη και στα κτήρια της υψηλότερης τάξης. Η προσπάθεια για να γεφυρωθεί αυτό το χάσμα είναι κολοσσιαία. [...] Δεν υπάρχει τίποτε κοινό ανάμεσα στις ανάλαφρες εκφράσεις της τοπικής παράδοσης και σε αυτά τα τερατώδη κτήρια εισαγωγής.

Ι ΒΑΔΙΖΟΝΤΑΣ ΣΤΗΝ ΟΧΘΗ ΤΟΥ ΓΑΓΓΗ. Επιστρέφοντας στη διαμονή μου μετά το δείπνο, περπατώ κατά μήκος της όχθης του Γάγγη. [...] Συνεχίζω να περπατώ στην όχθη αυτή την ήσυχη ώρα της νύχτας, προσπαθώντας να ανακαλύψω το πνεύμα της Βεγγάλης στο παιχνίδισμα του φωτός μέσα στις φυλλωσιές και στις φυτείες μπαμπού.

Από μια από τις πιο φτωχικές καλύβες πιάνω τους στίχους ενός τραγουδιού. Δεν μπορώ να καταλάβω τι λένε, αλλά νομίζω πως το αισθάνομαι. Είναι ένα φωτεινό τραγούδι, που μου θυμίζει το παιχνίδισμα του φεγγαριού με τα φυλλώματα των δέντρων γύρω του. Είναι ακόμα μουσική και χορός. Δεν υπάρχει διόλου πάθος σε αυτό. Θα ήθελα να μπορούσα να καταλάβω τη γλώσσα και τα λόγια του τραγουδιού.

Επιστρέφω στο δωμάτιό μου και διαβάζω πάλι τις συλλογές από μεταφρασμένα ποιήματα της Βεγγάλης. Νομίζω πως είναι ίδια με τη μουσική: ομοιόμορφα, ήρεμα και χωρίς πάθος. Το πνεύμα τους παραμένει ίδιο είτε είναι ποιήματα της εποχής των Μογγόλων είτε σύγχρονα. Δεν έχουν αλλάξει ιδιαίτερα. [...]

Υπάρχει διαφορά ανάμεσα στο να εισαγάγεις έναν τρόπο σκέψης και μια σύγχρονη τεχνική και να τα χρησιμοποιήσεις για τις ανάγκες σου και στο να εισαγάγεις λύσεις που εφαρμόστηκαν στο εξωτερικό. Εάν έως τώρα ακολουθείται ο δεύτερος δρόμος, τότε η Βεγγάλη θα εισέλθει [...] σε μια περίοδο που δεν θα υπάρχουν ξένοι, αλλά που θα υπάρχουν σίγουρα πολιτιστικοί δυνάστες, κι αυτό θα έπρεπε να αποφευχθεί.

Όσο περισσότερο μένω σε αυτή τη χώρα και σκέφτομαι αυτό το θέμα, τόσο περισσότερο αισθάνομαι ότι είναι υψίστη υποχρέωσή μου να αναδείξω τη διαφορά που υπάρχει ανάμεσα στην αντιγραφή των μεθόδων της Δύσης και στη δημιουργία του νέου με την αποδοτική χρήση της εμπειρίας της Δύσης. [...]

Οι κάτοικοι της Ανατολικής Βεγγάλης φαίνεται πως διαθέτουν καλλιτεχνική διάθεση. Όχι μόνο οι μπαλάντες αλλά και τα λαϊκά τραγούδια, τα παραμύθια, οι χοροί, οι γιορτές, ακόμα και τα χρώματα των ρούχων τους και των εργαλείων τους, των πλεούμενών τους φανερώνουν πως έχουν κλίση καλλιτεχνική. [...] Όμως, αυτό το δυναμικό δεν έχει εξελιχθεί σε υψηλότερες μορφές τέχνης μέχρι τώρα. Να οφείλεται άραγε αυτό στο ότι η ζωή δεν έχει αναπτυχθεί γενικά σε υψηλότερες μορφές σε αυτή την περιοχή και στο γεγονός ότι για μεγάλες περιόδους η περιοχή ήταν υπό ξένη κατοχή;

Είναι αυτή η κατάσταση κυρίως αποτέλεσμα του ότι η Βεγγάλη ελέγχεται ακόμα από τα στοιχεία της φύσης; Δεν έχει σημασία που η χώρα πλημμυρίζει συνεχώς από τους μεγάλους ποταμούς, [...] που αυτές οι πλημμύρες καταστρέφουν τα πάντα, εξαναγκάζοντας τους κατοίκους να αρχίζουν ξανά και ξανά τη ζωή τους; Είναι αυτή η αιτία της φιλοσοφικής παραίτησης, του φόβου για το άγνωστο και μιας μοιρολατρίας που είναι τόσο φανερή στη Βεγγάλη; [...]

Έχει έρθει άραγε η ώρα να προετοιμαστούν οι κάτοικοι της Βεγγάλης για την ανάπτυξη της δικής τους αρχιτεκτονικής; Η απάντηση είναι θετική. [...] Οι δυνάμεις της φύσης είναι παρούσες, το πρόβλημα είναι το πώς θα μετασχηματιστούν σε μορφές υψηλότερης τάξης. [...]

ΑΠΟ ΤΗ ΧΟΥΛΝΑ (KHULNA) ΣΤΗ ΝΤΑΚΑ (DACCA) [...]
❚ Ο ΤΡΟΠΟΣ ΔΙΟΙΚΗΣΗΣ ΣΤΗ ΖΩΗ ΤΟΥ ΧΩΡΙΟΥ. Καθώς πετάμε για ώρες πάνω από μικρά χωριά, [...] αναγνωρίζουμε μια από τις αιτίες της έλλειψης ηγεσίας και πρωτοβουλίας για την ανάπτυξη των αγροτικών κοινοτήτων. [...]

Υπάρχουν περιπτώσεις που οι κάτοικοι της επαρχίας έχουν κάνει μεγάλες προσπάθειες, για να λύσουν μερικά από τα προβλήματά τους, αλλά αυτό συνέβη μόνο όπου υπήρχε η κατάλληλη ηγεσία. [...] Καθώς πετάμε, σκέφτομαι όλο και περισσότερο την ανάγκη που υπάρχει για άτομα τα οποία θα θέσουν σε κίνηση τις δυνάμεις που τώρα κοιμούνται σε όλα αυτά τα ανθρώπινα νησιά –από τα οποία υπάρχουν εκατό χιλιάδες στην Ανατολική Βεγγάλη. Χωρίς την κατάλληλη οργάνωση στο επίπεδο της μικρής κοινότητας δεν μπορεί να γίνει καμιά μεταρρύθμιση σε αυτές τις τεράστιες εκτάσεις. [...] Εκείνο που ίσως απαιτείται σε μια τέτοια περιοχή είναι οι περιφερόμενοι εκπρόσωποι, καθώς είναι απίθανο να βρεθούν εξασκημένοι ηγέτες χωριών σε τόσο μεγάλο αριθμό.

ΕΠΙΣΤΡΟΦΗ ΣΤΗ ΝΤΑΚΑ

ΣΠΙΤΙΑ ΣΕ ΒΑΘΙΕΣ ΤΡΥΠΕΣ. Προσγειωνόμαστε στις 11:30 στη Ντάκα και οδηγούμαστε στην πόλη. Σε ένα σημείο σταματάμε στον δρόμο, εκεί που σε μια μεγάλη έκταση είχαν γίνει παλιά εκσκαφές από πλινθοποιεία, και τώρα υπάρχουν μεγάλες οπές που χάσκουν. Τα σημεία που βρίσκονται στο ίδιο επίπεδο με τον δρόμο είναι στενές λωρίδες γης. Πάνω σε αυτές τις λωρίδες υπάρχουν κτίσματα σε μεγάλη πυκνότητα, ενώ οι λάκκοι παραμένουν γεμάτοι νερό το μεγαλύτερο μέρος του χρόνου. [...] Αυτό είναι οπωσδήποτε ένα πρόβλημα που θα έπρεπε να αντιμετωπιστεί με φαντασία και δημιουργικότητα. Μια ιδέα θα ήταν ίσως να χτιστούν σπίτια πάνω σε στύλους, ίσως από μπετόν, σε αυτές τις περιοχές. [...]

7.2.1955 [...]

▮ ΕΠΙΣΚΕΨΗ ΣΤΗΝ ΠΑΛΙΑ ΠΟΛΗ ΤΗΣ ΛΑΧΟΡΗΣ (LAHORE).
Αμέσως μετά το γεύμα και πριν από την επόμενη συνάντησή μου,
που έχει οριστεί για τις 15:30, μου δίνεται η ευκαιρία να χρησιμο-
ποιήσω αυτές τις 2-3 ώρες, για να επισκεφθώ μερικά τμήματα της
παλιάς πόλης που δεν είχα δει την προηγούμενη φορά. Κινούμαι
κυρίως γύρω από το τζαμί Badshahi. Επισκέπτομαι την αγορά ξυ-
λείας. [...] Από εκεί επισκέπτομαι την αγορά καλαμιών και τα μικρά
μαγαζιά χειροτεχνίας γύρω τους. Παρατηρώ την κατασκευή ψα-
θών διαφορετικών ειδών. Εδώ οι κάτοικοι αγοράζουν είτε έτοιμα
προϊόντα είτε τις πρώτες ύλες, για να τις επεξεργαστούν στο σπίτι
τους [εικ. 122, 123].

▮ ΤΟ ΤΖΑΜΙ BADSHAHI. [...] Η κυβέρνηση έχει αναλάβει ένα με-
γάλο πρόγραμμα αποκατάστασης όλων των φθαρμένων τμημάτων
κι έχει εγκαταστήσει ένα εργαστήριο έξω από το μεγάλο τζαμί, όπου
έχω την ευκαιρία να παρακολουθήσω τη δουλειά των καλών ντό-
πιων μαστόρων και πετράδων. Είναι σίγουρο πως το εργαστήριο

124

125

126

127

των μεγάλων αρχιτεκτόνων των Μογγόλων, που έχτισαν αυτά τα τζαμιά, δεν θα ήταν διαφορετικό από το τωρινό [εικ. 124].

Έχει ενδιαφέρον το να κοιτάζεις το μεγάλο τζαμί Badshahi ως υπόβαθρο των φτωχικών αυλών, γιατί έτσι αποκτάς αίσθηση της πραγματικής κλίμακας αυτού του μνημείου από αισθητικής πλευράς και μεγέθους. Σε αντιπαράθεση με τα μικρά φτωχικά σπίτια που διαμόρφωσαν την πόλη της Λαχόρης, το τζαμί εμφανίζεται στην πραγματική του κλίμακα [εικ. 125]. Μετά εισέρχομαι στη μεγάλη πλατεία που βρίσκεται μπροστά στο τζαμί, στο κέντρο της οποίας βρίσκεται ο κήπος Hazuri Bagh και το περίπτερο Baradari, τα οποία έκτισε ο Ραντζίτ Σινχ (Ranjit Singh) το 1818. Αυτό είναι οπωσδήποτε το πιο λεπτεπίλεπτα επεξεργασμένο κτίσμα πάνω στην πλατεία. Πρόκειται για ένα πραγματικά δροσερό κτήριο. Παρουσιάζει ενδιαφέρον όχι μόνο από τη συνηθισμένη απόσταση του περαστικού, αλλά και για να το επισκεφθείς και να μελετήσεις τις κατασκευαστικές του λεπτομέρειες [εικ. 126, 127]. [...] Επίσης, πολύ ενδιαφέρον θα ήταν, εάν έχεις λίγο χρόνο στη διάθεσή σου, να κάτσεις, αν είναι δυνατόν, στα σημεία όπου κάθονταν οι μεγάλοι ηγέτες και οι αξιωματούχοι τους, καθώς ατένιζαν τα μνημεία και τους γύρω κήπους [εικ. 128, 129]. [...]

Το κύριο σημείο ενδιαφέροντος είναι το μεγάλο τζαμί Badshahi με την αυλή του [εικ. 130]. [...] Τριγυρίζοντας στη μεγάλη πλατεία, μπορούμε να δούμε το σύνολο αλλά και τις λεπτομέρειες από διαφορετικές γωνίες [εικ. 131-134]. [...]

Από αυτή την περιοχή κινούμαι μέσα στην παλιά πόλη, για να επισκεφθώ τις κατοικίες και όχι τις εμπορικές συνοικίες. Εδώ σχεδόν όλα τα σπίτια είναι παλιά και έχουν μεγάλη ανάγκη από επισκευές. Είναι χτισμένα σε στενούς δρόμους, που είναι σκοτεινοί το μεγαλύτερο διάστημα της μέρας. Μερικές φορές υπάρχουν μικρές πλατείες ανάμεσα σε αυτά τα πυκνοχτισμένα οικοδομικά τετράγωνα. Αυτές οι πλατείες έχουν πολλές χρήσεις: λειτουργούν είτε σαν παιχνιδότοποι είτε σαν σημεία κοινωνικής συνεύρεσης είτε για την εξυπηρέτηση διαφόρων χειροτεχνών. Για παράδειγμα, σε πολλές πλατείες είδα βαφείς να στεγνώνουν τα υφάσματά τους [εικ. 135, 136].

128

129

130

131

132

133

134

136

135

8.2.1955

Ι ΤΟ ΦΡΟΥΡΙΟ ΤΗΣ ΛΑΧΟΡΗΣ. Βρίσκω πάλι μια ευκαιρία να επισκεφθώ για μερικές ώρες το φρούριο και να προσπαθήσω να καταλάβω καλύτερα την αρχιτεκτονική των μεγάλων Μογγόλων, που είναι η μόνη μνημειακού χαρακτήρα σε αυτή την περιοχή από την οποία μπορούμε να αντλήσουμε διάφορα διδάγματα.

Εισέρχομαι από την πύλη Shah Burj, που χτίστηκε από τον Σαχ Τζαχάν (Shah Jahan) το 1631. Παρ' όλη την κακή συντήρηση του συνόλου, εντυπωσιάζει. Από εδώ, διασχίζοντας μια μικρή αυλή, φτάνω στην Πύλη των Ελεφάντων (Hatih Pol). Μέσα της υπάρχει μια διάστρωτη διαδρομή, ιδιαίτερης μορφής, που οδηγεί στις ψηλότερες στάθμες [εικ. 137]. Στο τέλος και στα πλαϊνά υπάρχουν ανοίγματα όπου παρατάσσονταν οι αυλικοί, όταν οι Σάχες εισέρχονταν πάνω στους ελέφαντές τους [εικ. 138]. Αυτή η Πύλη των Ελεφάντων χτίστη-

137   138

κε επίσης από τον Σαχ Τζαχάν το 1631 [εικ. 139]. Έχοντας ανέβει στην ψηλότερη στάθμη, προχωρώ προς το Shih Mahal²³, [...] χτισμένο κι αυτό από τον Σαχ Τζαχάν το 1631. Αυτό αποτελεί τμήμα της πύλης Shah Burj και σημαίνει Γυάλινο Παλάτι. Το κύριο στοιχείο αυτής της αυλής είναι το Shih Mahal, ας το πούμε Αίθουσα των Κατόπτρων, που αναπτύσσεται στο κέντρο αυτής της αυλής. Οι τοίχοι αυτής της αίθουσας είναι καλυμμένοι με μικρά κομμάτια καθρέφτη που αντανακλούν και την παραμικρή ακτίνα φωτός που πέφτει πάνω τους μέσα στη μέρα [εικ. 140]. [...] Από αυτή την αίθουσα μπαίνουμε σε ένα δωμάτιο που ανοίγεται στο τοπίο μπροστά του. Εκτός από τρία ανοιχτά παράθυρα χωρίς κουφώματα, οι τοίχοι προς τα έξω είναι χτισμένοι από λαξευτή λιθοδομή, που επιτρέπει το παιχνίδισμα του φωτός και της σκιάς και αφήνει την αύρα να μπει στο δωμάτιο, αποκλείοντας το άμεσο φως του ήλιου. Πρόκειται για μια εξαίσια θέα κι έναν εξαίσιο συνδυασμό –αλλά και χρήση– υλικών [εικ. 141]. [...]

Είναι χαρακτηριστικός ο τρόπος με τον οποίο αυτοί οι ωραία διακοσμημένοι τοίχοι προστατεύονται από τους μεγάλους προβόλους της στέγης. Ένα πολύ ενδιαφέρον κτήριο σε αυτή την αυλή είναι το Περίπτερο Naulakha, το οποίο είναι κτισμένο κολλητά σε έναν από τους τοίχους, κάθετα προς την κεντρική αίθουσα του Shih Mahal. Το βασικό χαρακτηριστικό του είναι η καμπύλη στέγη, η οποία σύμφωνα με μερικούς ιστορικούς θυμίζει τις ψάθινες οροφές της Ανατολικής Βεγγάλης και αποδεικνύει την επίδραση των στοιχείων της Βεγγάλης σε αυτό το κτηριακό συγκρότημα [εικ. 142, 143]. [...] Καθισμένος σε μια γωνιά αυτής της αυλής, παρατηρώ ότι σε αυτό το διάσημο μνημειακό σύνολο κτηρίων δεν δοκίμασαν τη συμ-

139

140

141

142

143

μετρική διάταξη διαφορετικών κτισμάτων στο χώρο. Σίγουρα υπάρχουν κτήρια με άξονα συμμετρίας, αλλά ο συνδυασμός των διαφορετικών κτισμάτων στο σύνολο δεν επιβάλλει καμιά επανάληψη των ίδιων στοιχείων από τη μια στην άλλη πλευρά του κεντρικού άξονα της σύνθεσης. Οι μεγάλοι Μογγόλοι ήξεραν πάρα πολύ καλά πώς να χτίζουν και πώς να εντάσσουν τα κτήριά τους σε μεγάλα συγκροτήματα. [...] Εδώ μπορώ να δω όλο το πνεύμα της ελευθερίας και της τάξης στη μεγάλη σύνθεση, καθώς ο τρόπος που ορισμένοι ερμηνεύουν την τέχνη των Μογγόλων είναι εντελώς λανθασμένος. Αυτοί υποτίθεται πως κατανοούν μόνο την τάξη σε τέτοια μεγάλα σύνολα, αλλά παραβλέπουν εντελώς το στοιχείο της ελευθερίας, πέρα από το γεγονός ότι ερμηνεύουν λανθασμένα ακόμα κι αυτή την τάξη. [...]

Ι ΕΠΙΣΚΕΨΗ ΣΤΟΥΣ ΚΗΠΟΥΣ ΣΑΛΙΜΑΡ (SHALIMAR). Καθώς το νερό και οι κήποι θα χρειαστεί να παίξουν μεγάλο ρόλο στις μελλοντικές πόλεις πολλών περιοχών του Πακιστάν, δοκιμάζω να κλέψω μερικά λεπτά για μια γρήγορη επίσκεψη στους Κήπους Σαλιμάρ, συνοδευόμενος από τον κυβερνητικό σύμβουλο πολεοδομίας, τον κ. Pet. Φαίνεται πως αποκτούμε τη λάθος εντύπωση γι' αυτούς τους κήπους, καθώς εισερχόμαστε από την πίσω είσοδο. [...] Σε αυτή τη γρήγορη επίσκεψη, πρέπει να λάβουμε υπόψη ότι είναι λίγο σαν να βλέπουμε ένα φιλμ ανάποδα. Ο κήπος αποτελείται από τέσσερα βασικά στοιχεία. Το πρώτο στοιχείο (αρχίζοντας αντίστροφα) είναι ένας χώρος περιπάτου σε ψηλή στάθμη, που οδηγεί σε ένα μικρό περίπτερο. Το δεύτερο στοιχείο, που είναι και το κεντρικό θέμα όλου του κήπου,

144

145

146

είναι η κεντρική λίμνη. Γύρω της υπάρχουν τα πιο ενδιαφέροντα στοιχεία [εικ. 144, 145]. [...] Στο τέλος της μεγάλης λίμνης [...] υπάρχει άλλη μια ομάδα περιπτέρων [...], που συνδέονται με μικρούς καταρράκτες, σχεδιασμένους έτσι ώστε να επιτρέπουν τον τεχνητό φωτισμό τους και το παιχνίδισμα του φωτός και του νερού [εικ. 146]. Το τέταρτο και τελευταίο στοιχείο είναι ένας ακόμα χώρος περιπάτου που καταλήγει σε αδιέξοδο, αποτελώντας έτσι την είσοδο του κήπου.

Κοιτάζοντας τη συνολική σύνθεση αυτών των κήπων, παρατηρώ ξανά ότι μόνο εδώ και στο Ταζ Μαχάλ (Taj Mahal), δηλαδή σε ένα περιβάλλον απόλυτα διακοσμητικό, έχουμε μια περίπτωση απόλυτης

147

συμμετρίας στον χώρο. Αυτό δεν συμβαίνει ποτέ εκεί που έχουμε κτήρια, που το καθένα έχει τη δική του λειτουργία. Δεν θυμάμαι να είδα κάποιο από τα μεγάλα συγκροτήματα κτηρίων των Μογγόλων με διάταξη συμμετρικών στοιχείων στον χώρο. Τουλάχιστον αυτό δεν συμβαίνει στο Κόκκινο Φρούριο (Red Fort) στο Δελχί (Delhi), στο Φατεχπούρ Σικρί (Fatehpur Sikri), στην Άγκρα (Agra), στη Λαχόρη (Lahore) κ.λπ. Είμαι απόλυτα πεισμένος ότι αυτή είναι μια σύγχρονη και λανθασμένη αντίληψη για τον τρόπο σκέψης των Μογγόλων. Οι μεγάλοι Μογγόλοι είχαν καλούς πολεοδόμους που ήξεραν τι έκαναν [εικ. 147].

148

149

20.2.1955 [...]

I ΤΑ ΝΕΚΡΟΤΑΦΕΙΑ ΤΟΥ LANDHI[24]. Το ίδιο απόγευμα επισκε-
πτόμαστε με τους Kilbridge[25] και Chennery[26] τους τάφους του Lan-
dhi, που χτίστηκαν κυρίως την εποχή των μεγάλων Μογγόλων, λίγο
νωρίτερα και λίγο αργότερα. [...] Καθώς περιπλανιόμαστε για πολ-
λές ώρες και επισκεπτόμαστε πολλούς από αυτούς τους τάφους,
έχω την έντονη αίσθηση ότι εδώ έχουμε μια περίπτωση που η λιθο-
ποιία έχει αντιγράψει την ξυλοκατασκευή, την οποία και αντικατέ-
στησε [εικ. 148]. Αυτό φαίνεται στον τρόπο που μεταχειρίζονται, κό-
βουν και επεξεργάζονται την πέτρα. Η τέχνη είναι σαφώς ντόπια.
Οφείλεται στην ύπαρξη του μαλακού πωρόλιθου που σκαλίζεται εύ-
κολα, ενώ διαθέτει αντοχή στις καιρικές συνθήκες για μεγάλο χρονι-
κό διάστημα. Η σύλληψη αυτών των τάφων είναι πρωτόγονη.

Μπορούμε να υποδιαιρέσουμε τους τάφους σε τρεις κατηγο-
ρίες. Η πρώτη σχετίζεται με υψηλά πρόσωπα και βασίζεται στην

150

151

152

153

ιδέα ότι κάποιοι τάφοι προστατεύονται από μνημεία τύπου περιπτέρου. Αυτοί είναι οικογενειακοί τάφοι [εικ. 149]. [...] Η δεύτερη κατηγορία είναι εκείνη που απομιμείται φέρετρα. [...] Η απομίμηση ξεκινάει από το μέγεθος, που αντιστοιχεί στο μέγεθος του ανθρώπινου σώματος που περιέχεται, και επεκτείνεται στην κατασκευή, [...] που μπορεί να φτάσει μέχρι τη μίμηση των ξύλινων στοιχείων που εξέχουν και χρησιμοποιούνται από εκείνους που μεταφέρουν το φέρετρο [εικ. 150, 151]. [...] Η διακόσμηση αυτών των τάφων βασίζεται στην πέτρα, η οποία σκαλίζεται με μαεστρία. [εικ. 152]. [...] Η τρίτη κατηγορία τάφων είναι οι πολύ απλοί, στους οποίους δεν έχει χρησιμοποιηθεί σκαλιστή πέτρα αλλά μόνο λιθοδομή, μερικές φορές αρμολογημένη με κονίαμα. Αυτή η κατηγορία αποτελεί τη μεγάλη πλειοψηφία και καλύπτει τεράστιες εκτάσεις. Μερικοί από αυτούς τους τάφους είναι σε άριστη κατάσταση, αλλά και πολλοί έχουν ήδη καταρρεύσει [εικ. 153]. [...]

24.2.1955 [...]

❚ ΑΝΑΧΩΡΗΣΗ ΓΙΑ ΑΘΗΝΑ. Το ίδιο βράδυ, στις 23:40, αναχωρώ με KLM για Βαγδάτη και από εκεί για Αθήνα. Αυτή τη φορά πρέπει να ομολογήσω ότι έχω εξαντληθεί από το μέγεθος των προβλημάτων. Όσο πλησιάζουμε στην υλοποίηση, τόσο περισσότερο αισθάνομαι το μεγάλο βάρος στους ώμους μου.

ΗΜΕΡΟΛΟΓΙΟ ΤΗΣ ΙΟΡΔΑΝΙΑΣ

6 -16 Μαΐου 1955[27]

6.5.1955

❙ ΑΘΗΝΑ-ΒΗΡΥΤΟΣ. Φεύγω από Αθήνα στις 19:40, φτάνω στη Βηρυτό στις 22:30, στο αεροδρόμιο με υποδέχεται ο Dr. Lieftinck. Μένουμε στο Excelsior Hotel. [...]

8.5.1955

❙ ΦΤΑΝΟΥΜΕ ΣΤΗ ΝΤΑΡΑΑ (DERAA). Στις 7:00 φτάνουμε στη Νταράα. Περπατούμε μέσα στη νέα πόλη, κατευθυνόμενοι προς την παλιά πόλη. Περνάμε μέσα από τις γειτονιές γύρω από τον σιδηρο-δρομικό σταθμό, που βρίσκεται στη νέα πόλη. Βγάζω φωτογραφίες και παρατηρώ ότι λείπει κάθε οικοδομική δραστηριότητα.

Έπειτα διασχίζουμε το παλιό κομμάτι της πόλης (εικ. 154).

154

ΑΠΟ ΤΗ ΝΤΑΡΑΑ ΣΤΟ AL HAMMA (ΑΛ ΧΑΜΑ). Στις 8:00 φεύγουμε από τη Νταράα με το τρένο. Αρχικά βλέπουμε μια πεδιάδα καλλιεργημένη, γυμνή από κάθε βλάστηση. Δεν έχει βρέξει. Ύστερα από είκοσι λεπτά, βλέπουμε τα πηγάδια του Yarmuk στα δεξιά μας. Στα τριάντα λεπτά σταματάμε και στη συνέχεια ακολουθούμε τη στενή πεδιάδα. Κοντά στο νερό υπάρχουν πικροδάφνες και θάμνοι όπως στην Ελλάδα. Η γη που βρίσκεται σε ψηλότερο σημείο αρδεύεται από ένα μικρό κανάλι, ενώ ακόμα ψηλότερα το έδαφος είναι άνυδρο. [...]

ΑΦΙΞΗ ΣΤΗ ΧΑΜΑ. Στις 11:00 περίπου, αφού σταθήκαμε για μια ώρα, φτάνουμε στα λουτρά της Χάμα που υπάρχουν από τη ρωμαϊκή περίοδο. Είναι λουτρά θειούχα, οργανωμένα από τους Εβραίους. Σχεδόν όλα είναι άσχημα χωρίς κάποιο γενικό σχέδιο.

Από τη Χάμα διασχίζουμε τα σύνορα προς την Ιορδανία. Στις 12:00 περνάμε με βάρκα στην απέναντι όχθη του ποταμού, προς την Ιορδανία, όπου μας περιμένουν αυτοκίνητα. Είκοσι λεπτά αργότερα, αφού περάσουμε μερικούς λόφους από όπου μπορούμε να δούμε τη λίμνη Τιβεριάδα (The Sea of Galillee), βρισκόμαστε σε μια καταπράσινη πεδιάδα, όπου το αρδευόμενο τμήμα της είναι ιδιαίτερα πράσινο.

Στις 13:00 φτάνουμε στην Addasia. Αυτή είναι η κοινότητα των Bahais. [...] Αυτή η κοινότητα ιδρύθηκε πριν από 60 χρόνια από κάποιον που διέθετε 20 τούρκικες λίρες. Δεν υπήρξε εκχώρηση. Η γη αγοράστηκε. Ο πληθυσμός έφτασε τους 300, αλλά τώρα οι περισσότεροι έχουν μετακομίσει στο Ιράν. [...]

Από την Addasia προς στο Amman. Στις 15:30 φεύγουμε με αυτοκίνητο για το Amman. Σε μερικά λεπτά εγκαταλείπουμε την

155

156

όαση με τα δέντρα της, τις μπανανιές κ.λπ. Ο δρόμος περνά σχεδόν στο όριο της καλλιεργημένης γης. Όλα είναι πράσινα, αλλά σε γενικές γραμμές δεν υπάρχουν σπαρμένα.

Μετά από μερικά χιλιόμετρα, στα αριστερά μας, στο βάθος της πεδιάδας, προς την πλευρά που δεν υπάρχουν καλλιέργειες, αρχίζουν να εμφανίζονται μεμονωμένα σπίτια.

9.5.1955

❚ ΑΦΙΞΗ ΣΤΟ ΑΜΜΑΝ (AMMAN). Διανυκτερεύουμε στο Αμμάν. Στις 5:55 φεύγουμε με αυτοκίνητο για την Ιερουσαλήμ. Βλέπουμε έναν πειραματικό αγροτικό σταθμό.

Δύο μαύρες σκηνές στο τοπίο [εικ. 155].

Αγροτικά σπίτια με χωμάτινη στέγη [εικ. 156]. [...]

❚ ΑΦΙΞΗ ΣΤΗΝ ΙΕΡΟΥΣΑΛΗΜ. Στις 8:00 φτάνουμε στην Ιερουσαλήμ. [...]

Επιστροφή στο Αμμάν.

157

158

159

Στις 19:00 φτάνουμε στο Αμμάν. Δεν υπάρχει χειρότερο θέαμα από το Στρατόπεδο της Άκαμπα (Aqaba Camp) που βρίσκεται έξω από την Ιεριχώ, μέσα στην πυρωμένη άμμο, με πληθυσμό 30.000 κατοίκους. [...]

Το αρχαίο θέατρο του Αμμάν [εικ. 157].

Απόψεις του Αμμάν [εικ. 158, 159].

160

161

162

10.5.1955

Επίσκεψη στην πόλη. Στις 14:30 επιστρέφω στην πόλη και περιηγούμαι στην περιοχή Djebel-Amman, στα ψηλότερα σημεία της οποίας βρίσκονται οι πρεσβείες, τα ανάκτορα κ.λπ. [εικ. 160, 161]. [...] Βλέπω επίσης και τα φτηνά σπίτια που βρίσκονται χαμηλότερα, ιδίως προς τις εγκαταστάσεις ύδρευσης του Δήμου [εικ. 163]. Στο χαμηλότερο σημείο της περιοχής υπάρχουν φτωχογειτονιές με σκηνές προσφύγων [εικ. 162].

163

11.5.55

I ΑΜΜΑΝ-ΑΚΑΜΠΑ (AQABA)-ΑΜΜΑΝ ΑΕΡΟΠΟΡΙΚΩΣ.

Στις 8:05 φεύγω αεροπορικώς προς τα βόρεια, την Ιορδανία και την Άκαμπα. Το νότιο οροπέδιο του Αμμάν καλλιεργείται αλλά όχι και το βόρειο. Αφού πετάξαμε πάνω από την πόλη, συνεχίζουμε προς βορρά. Στα πρώτα πέντε λεπτά, η ύπαιθρος είναι εντελώς γυμνή. Μετά βλέπουμε λόφους με δέντρα, που μοιάζουν με διάσπαρτες ελιές, και ανάμεσά τους λιγοστές πεζούλες, που μοιάζουν ακαλλιέργητες.

▌10:10 ΑΦΙΞΗ ΣΤΗΝ ΑΚΑΜΠΑ.

Η Άκαμπα έχει πληθυσμό 7.000 κατοίκων, από αυτούς 2.000-3.000 είναι ντόπιοι και 4.000-5.000 πρόσφυγες από το νότιο τμήμα της Παλαιστίνης (Μπερ Σεβά κλπ). [...]

Κατά μήκος της ακτής [εικ. 164]. Σημερινός τρόπος ύδρευσης [εικ. 165].

[...] Τα σπίτια είναι ελάχιστα, και ένα μονόχωρο με κουζίνα κοστίζει 3-4 δηνάρια (μηνιαίο νοίκι). Μεγαλύτερα σπίτια τριών δωματίων κοστίζουν 7 λίρες, όπως λέει ένας γιατρός [εικ. 166, 167]. Ένα τυπικό παράθυρο [εικ. 168]. Δρόμοι [εικ. 169].

[Ένα σπίτι χτισμένο με βότσαλα] [εικ. 168].

[...]

Μερικοί πρόσφυγες έχουν χτίσει πάνω σε κρατική γη, άλλοι νοι-
κιάζουν δωμάτια. Τα παλιά σπίτια χτίζονταν με φτηνά μέσα. Τώρα
χτίζουν προς τα βόρεια, ιδίως στα βόρεια του δρόμου, επειδή εκεί
είναι πιο δροσερά –εκεί φυσούν δροσερές αύρες [εικ. 169, 170].

Οι νομάδες ζουν σε καλύβες από φύλλα φοινικιάς, που τώρα
έχουν γίνει μόνιμες κατοικίες.

❚ Η ΙΕΡΙΧΩ [εικ. 171].
15:00 Αναχώρηση προς Αμμάν.

172

173

12.5.55

I ΑΦΙΞΗ ΣΤΟ ΑΜΜΑΝ.

[...]

I 13:45 ΓΕΥΜΑ ΜΕ ΤΟΝ Κ. PORTER TOY BRITISH MIDDLE EAST OFFICE. Συμφωνεί μαζί μου πως η γενική κατάσταση είναι τραγική και ότι οι προτάσεις είναι ανίσχυρες.

I 16:30 ΑΝΑΧΩΡΗΣΗ ΠΡΟΣ ΙΕΡΟΥΣΑΛΗΜ.
Φεύγουμε για Ιερουσαλήμ οδικώς. Φωτογραφίζω τις πόλεις προς την Ιορδανία, την Ιεριχώ και τις αρχαιότητες.
Αλ-Σάλτ [εικ. 172].
Πόλεις προς την Ιεριχώ [εικ. 173].

13.3.1955

I ΙΕΡΟΥΣΑΛΗΜ. Το πρωινό επισκέπτομαι την παλιά πόλη και τα μνημεία της [εικ. 174, 175].
Ένα ελληνικό μοναστήρι [εικ. 176, 177].

174

175

176

177

Οι αγορές [εικ. 178].

Διάφορα μνημειακά κτήρια [εικ. 179].

Απόψεις της πόλης [εικ. 180-185].

180

181

182

183

184

185

Το απόγευμα επισκεφθήκαμε τον Κήπο της Γεσθημανή και μετά το Όρος των Ελαιών [εικ. 186-189].

Ο Κήπος της Γεσθημανή [εικ. 190-191].

190

191

14.5.1955-16.5.1954

Επισκεπτόμαστε το Μεγάλο Τζαμί. Η εντύπωση και η αίσθηση του χώρου είναι υπέροχη. Χρειάζεται περισσότερη φροντίδα [εικ. 192-198]. [...]

192

193

194

195

196

197

198

199

200

I ΝΑΜΠΛΟΥΣ (NABLUS). Στον κεντρικό δρόμο, χτίζονται αρκετά σπίτια [εικ. 199].

[...]

Μετά φτάνουμε σε ένα άλλο χωριό, το Tul Karem, με 15.000 κατοίκους [εικ. 200].

Εδώ υπάρχουν πετυχημένα έργα, όπως συμβαίνει στο Ισραήλ [εικ. 201].

Πρόσφυγες σε σκηνές [εικ. 202].

Σε κάθε περίπτωση, οι οικισμοί δεν έχουν ποτέ λιγότερα από 100 σπίτια. Χτίζουν με λιθοδομές και οι στέγες έχουν καμπύλο σχήμα. Τα σπίτια εδώ είναι καλύτερα από εκείνα που έχουν χτιστεί στις πεδιάδες.

203

204

▌ 13:30 Αναχώρηση από τη Ναμπλούς προς το Αμμάν.

Από τη Ναμπλούς, κατηφορίζοντας προς την πεδιάδα της Ιορδα-
νίας για 15-20 χλμ., βλέπουμε την ίδια δόμηση που συναντούμε
στις ορεινές περιοχές. Αργότερα συναντούμε σπίτια από πλίθρες με
καμπύλες στέγες από χώμα [εικ. 203].

[...]

▌ 16:10 Το πρώτο που βλέπουμε είναι η Γέρασα (Jerash), η αρχαία
Γέρασα, μια από τις 10 πόλεις[28]. Δρόμοι στην Αρχαία Γέρασα [εικ.
204].

Η κεντρική πλατεία [εικ. 205].

Η παλιά πόλη ήταν κολοσσιαία, με τεράστια κτήρια και δύο θέα-
τρα. Το τοπίο πριν από την πόλη και μετά θυμίζει πολύ την Ελλάδα
και τη Μεσόγειο. Πρέπει να ήταν μια εξαιρετικά πλούσια περιοχή.
Από το Αμμάν έως τη Γέρασα συναντούμε συνεχώς βουνά, χαρά-
δρες, λόφους. Μερικά χιλιόμετρα έξω από το Αμμάν τα πάντα είναι
ακαλλιέργητα, αλλά τώρα εφαρμόζονται μερικά έργα προστασίας
του εδάφους.

Μπαίνοντας από τον παλιό δρόμο στην πλατεία με το ελλειψο-
ειδές σχήμα, βλέπουμε απέναντί μας τον ναό της Αρτέμιδας, πάνω
από τη γωνία της αρχής του δρόμου.

Οι ανασκαφές δεν έχουν ολοκληρωθεί. Η τεράστια περιοχή που
ήταν αφιερωμένη στην Άρτεμη έχει ανασκαφεί μόνο ως ένα σημείο,
οπότε δεν μπορώ να σχηματίσω μια πραγματική εικόνα για τη δια-
μόρφωση της περιοχής [εικ. 206].

Τα αρχαία είναι μπλεγμένα με τα σύγχρονα, αν και η σημερι-
νή πόλη έχει χτιστεί στην απέναντι πλευρά της πηγής και του πο-
ταμού.

ΗΜΕΡΟΛΟΓΙΟ ΤΟΥ ΙΡΑΚ

Ιούλιος - Αύγουστος 1955[29]

ΔΕΥΤΕΡΟ ΤΑΞΙΔΙ ΣΤΟ ΙΡΑΚ

20.7.1955 - 28.7.1955

Ι ΒΑΓΔΑΤΗ. [...] Πετώντας πάνω από τη Βαγδάτη και τα περίχωρά της και κοιτάζοντας τον ποταμό και τις γραμμές των δρόμων της, τις πλατείες και κάποιες μεγάλες εγκαταστάσεις, [...] παρατηρώ πόσο μεγάλη και ομοιόμορφη είναι η πεδιάδα γύρω από την πόλη. Οι διαφορές οφείλονται μόνο στις διαφορετικές υφές και στα σχήματα που προέρχονται από ανθρώπινες επεμβάσεις και σχεδόν ποτέ από αλλαγές στο τοπίο. Στην πραγματικότητα, το μόνο διαφορετικό στοιχείο σε αυτό το μονότονο τοπίο είναι ο ποταμός Τίγρης αφ' εαυτού.

Σκέφτομαι ξανά ότι αυτή η μονοτονία δημιουργεί μια κολοσσιαία υποχρέωση για εμάς: τα σχέδιά μας θα πρέπει να είναι πλουσιότερα συνθετικά από άλλες περιπτώσεις. Εκτός από τους υπόλοιπους στόχους μας, θα πρέπει να δημιουργήσουμε ένα πλουσιότερο οικιστικό περιβάλλον, και αυτό [...] πρέπει να επιτευχθεί με έναν καλύτερο και πιο ευφάνταστο σχεδιασμό.

Αντίθετα, αν στη μονοτονία του τοπίου προστεθεί η μονοτονία της αρχιτεκτονικής και της πολεοδομίας, τότε ζημιώνουμε τους κατοίκους, που θα μπορούσαν εύκολα να αποκτήσουν μηχανιστική νοοτροπία και να χάσουν κάθε ενδιαφέρον για το περιβάλλον τους και τη ζωή γύρω τους. Νομίζω πως πρέπει να διατυπώσουμε έναν νόμο πάνω σε αυτό το θέμα. Είναι ίσως ο πρώτος ειδικός κανόνας που θεωρώ ότι είναι απαραίτητος για το Ιράκ, εκτός από τους άλλους που θα οριστούν όχι μόνο εδώ αλλά και σε άλλες περιπτώσεις. [...]

207

208

209

210

Ι ΕΠΙΣΚΕΨΗ ΣΤΗΝ ΠΑΛΙΑ ΠΟΛΗ ΤΗΣ ΒΑΓΔΑΤΗΣ. Το απόγευ-
μα της ίδιας μέρας βγαίνω να περπατήσω μόνος σε διαφορετικές
περιοχές της παλιάς Βαγδάτης. Περιπλανιέμαι παρατηρώντας τις
συνθήκες διαβίωσης των ανθρώπων και τους τρόπους που το κτη-
ριακό δυναμικό σε κατοικίες συντηρείται και χρησιμοποιείται τώρα.
Το ίδιο απόγευμα αρχίζω να κρατώ σημειώσεις για τις δυνατότητες

βελτίωσης των συνθηκών διαβίωσης στο κέντρο της πόλης. [...] Υπάρχει ένα σημείο που πρέπει να λάβουμε άμεσα υπόψη μας για την κατοικία στην παλιά πόλη της Βαγδάτης. Αφορά τα σπίτια που θα χρειαστεί να ξαναχτιστούν κατά μήκος των δρόμων, τα οποία τώρα απλώνονται παράλληλα και κάθετα στον Τίγρη. Υπάρχει μεγάλη δραστηριότητα στον τομέα της κατεδάφισης. [...] Σε όλες τις περιπτώσεις, θα πρέπει να συμφωνήσουμε σε συγκεκριμένες κατευθυντήριες γραμμές για το πώς θα χτιστούν αυτά τα σπίτια. Αν βρούμε χρόνο, θα μπορούσαμε ίσως να στήσουμε μακέτες σπιτιών για κάθε περιοχή. [...] Δεν το θεωρώ πρώτης προτεραιότητας αλλά έναν από τους πρώτους στόχους μας [εικ. 207-210]. [...]

Ι ΕΠΙΣΚΕΨΗ ΣΤΗΝ ΠΕΡΙΟΧΗ ΤΩΝ ΣΑΡΙΦΑΣ[30]. Από εδώ κι εμπρός επισκεπτόμαστε τις μεγάλες εκτάσεις της Βαγδάτης με τις σαρίφας. Αυτές βρίσκονται κυρίως έξω από την Καμπή (Bend) του ποταμού. Όμως, υπάρχουν σαρίφας ακόμα και στο εσωτερικό της. Στα δεξιά μας έχουμε την πυκνοδομημένη παλιά πόλη και μερικές περιοχές με κατεδαφισμένες σαρίφας. Με πληροφορούν ότι η κυβέρνηση έχει κατεδαφίσει αυτές τις κατοικίες, επειδή οι εργάτες δεν έπρεπε να ζουν τόσο κοντά στο κέντρο της πόλης. Οπότε τώρα όλοι χτίζουν έξω από την Καμπή. Ωστόσο, υπάρχουν κάποιες περιοχές μέσα στην Καμπή όπου οι κάτοικοι μπορούν να αγοράσουν γη από την κυβέρνηση, στην οποία χτίζουν ξανά σαρίφας. Οι περισσότερες χτίζονται ανάμεσα σε λίμνες με στάσιμο νερό [εικ. 211].

Έξω από την Καμπή υπάρχουν αχανείς εκτάσεις που καλύπτονται με σαρίφας [εικ. 212]. Η κατασκευή τους στην πράξη είναι τυπική: λασπότοιχοι χτισμένοι από τους ίδιους τους κατοίκους με διαφορετικά είδη στέγης, ανάλογα με τα υλικά που μπορούν να βρουν [εικ. 213]. Υπάρχουν πολλές εκτάσεις έξω από την Καμπή, που είναι καλυμμένες με νερό από τα λύματα της παλιάς πόλης. Καθώς περπατάμε, βλέπουμε διάφορα παραδείγματα και τύπους κατασκευής, [εικ. 214, 215]. [...] Στα δεξιά μας, ο ίδιος τύπος χτίζεται γύρω από τις σιδηροδρομικές γραμμές [εικ. 216-218]. [...]

Καθώς οδηγούμε στην Καμπή, ο Hassan Bey[31] μού δείχνει μερικά σπίτια και μου εξηγεί ότι κατοικούνται από ανθρώπους που έρχονται από τον βορρά ή τον νότο. Τον ρωτώ πώς μπορεί να κάνει αυτή τη διάκριση, και μου λέει ότι το καταλαβαίνει από τα χρώματα των ρούχων που είναι απλωμένα έξω από τα κτίσματα. Τώρα παρατηρώ ότι τα σπίτια που χτίζονται από τους ανθρώπους που έρχονται από το βορρά δεν είναι μονώροφα. Πολλά απ' αυτά, αν και χτισμένα με λάσπη, μοιάζουν να έχουν δύο και τρεις ορόφους. [...] Αυτά τα σπίτια δείχνουν καλύτερη κατασκευαστική ικανότητα από εκείνα των νοτίων. Υποθέτω πως οι βόρειοι είναι καλύτεροι μάστορες. Ο Hassan Bey συμφωνεί μαζί μου.

Η γη στις περιοχές μέσα από την Καμπή, όπου βλέπω αυτά τα καλύτερα χτισμένα σπίτια, νοικιάζεται από την κυβέρνηση σε ομάδες οικιστών για πολλά χρόνια. Παίρνουν ένα κομμάτι γης για πολλές οικογένειες και επάνω του χτίζουν τις σαρίφας τους. [...]

Έξω από τον τοίχο της Καμπής οι συνθήκες είναι πολύ χειρότερες. Όχι μόνο απουσιάζει η ιδιοκτησία της γης, αλλά λείπουν εντελώς το σχέδιο, η τάξη, το νερό, οι δρόμοι, οι εξυπηρετήσεις. Το μέρος θυμίζει μεγάλο στρατόπεδο με σκηνές που στήθηκαν μονομιάς ακατάστατα, θυμίζει στρατό χωρίς ηγέτες, κοινωνία χωρίς τάξεις, χωρίς τάξη, χωρίς σχέδιο.

Τον περασμένο χρόνο το νερό από τις πλημμύρες σε αυτή την περιοχή έφτασε σε ύψος αντίστοιχο του ύψους του τοίχου της Καμπής, που σημαίνει αρκετά μέτρα ψηλότερα από τις στέγες αυτών των σπιτιών. Όλα πλημμύρισαν, καλύφθηκαν με νερό και διαλύθηκαν. Οι κάτοικοι κατέφυγαν στην παλιά πόλη και ζούνε στους δρόμους. Τώρα βρίσκονται σε φάση ανακατασκευής, ώσπου να έρθουν νέες πλημμύρες στην περιοχή, η οποία εξακολουθεί να είναι τελείως απροστάτευτη.

Κανείς δεν ξέρει πόσοι είναι αυτοί οι άνθρωποι και πώς ζουν. Κατά διαστήματα μπορώ να διακρίνω πάνω από την Καμπή μερικούς αστυνομικούς σταθμούς. Φαίνεται πως αυτοί είναι οι μόνοι κυβερνητικοί θεσμοί. Δεν υπάρχουν σχολεία, τζαμιά ή άλλου είδους κτήρια εξυπηρέτησης του πληθυσμού. [...]

213

214

215

216

217

218

219

220

221

222

223

224

| ΤΟ ΜΕΓΑΛΟ ΠΡΟΓΡΑΜΜΑ ΚΑΤΟΙΚΙΑΣ. Φτάνουμε στο νοτιοανατολικό τμήμα της Βαγδάτης, πάνω ακριβώς στην Καμπή, που έχει χτιστεί σύμφωνα με το Μεγάλο Πρόγραμμα Κατοικίας. [...]

Έξω από αυτά τα καταστήματα έχουν κτιστεί πολλές προσωρινές κατασκευές, γεγονός που αποδεικνύει ότι υπήρχε ανάγκη για πολύ περισσότερα μαγαζιά από όσα είχαν αρχικά προβλεφθεί. Η πλατεία είναι μάλλον μεγάλη, [...] και η κεντρική της περιοχή είναι πλακόστρωτη και πολύ ζεστή χωρίς καμιά σκιά, αφιλόξενη για τους ανθρώπους, οι οποίοι χρησιμοποιούν μόνο τις παρυφές της. Υπάρχουν πολλές κατηγορίες σπιτιών σε αυτό τον οικισμό. Τα παλιότερα έχουν μικρούς κήπους μπροστά τους και τα δέντρα και τα δάπεδα δίνουν μιαν άλλη αίσθηση στον οικισμό. Είναι χαρακτηριστικό ότι πολλά σπίτια έχουν δημιουργήσει τοίχους προστασίας κατά της ζέστης με διάφορα υλικά, κυρίως άχυρο, χόρτα κ.λπ. [εικ. 219]. [...] Με εντυπωσιάζει το γεγονός ότι σε μερικά σπίτια οι άνθρωποι δεν χρησιμοποιούν την αυλή, για να στεγνώσουν την μπουγάδα τους, αλλά την μπροστινή βεράντα του σπιτιού [εικ. 220, 221]. [...]

| ΕΠΙΣΚΕΨΗ ΣΤΗΝ ΠΟΛΗ ΤΗΣ ΒΑΓΔΑΤΗΣ. [...] Πάνω από πολλά σπίτια υπάρχουν ειδικές πρόσθετες κατασκευές, που επιτρέπουν στους κατοίκους να κοιμούνται στα δωμάτια. Αυτές οι προσθήκες αποτελούνται συνήθως από συμπαγείς τοίχους στις μεσοτοιχίες, ενώ μένουν ανοιχτές μπροστά. Μερικές φορές, όμως, κλείνεται και το μπροστινό τους μέρος [εικ. 222-224]. [...]

226

227

228

Σε πολλές περιπτώσεις, ιδίως εκεί που οι δρόμοι είναι ευθύγραμμοι και τα όρια των οικοπέδων δεν είναι κάθετα στον δρόμο, βλέπουμε εντελώς ιδιαίτερες μορφές σπιτιών [εικ. 225]. [...] Εισερχόμαστε στους νέους δρόμους, που πρόσφατα ανοίχτηκαν και δεν έχουν ακόμα ολοκληρωθεί. Η αρχιτεκτονική σε αυτούς δεν είναι ικανοποιητική. Εδώ τα παραδοσιακά σπίτια από τούβλο έχουν αντικατασταθεί με εκείνα που χτίζονται από μπετόν, τα οποία είναι πολύ κακοσχεδιασμένα και δεν προστατεύουν καθόλου τους κατοίκους από τη ζέστη και τις κλιματικές συνθήκες [εικ. 226, 227]. [...]

Τελειώνω αυτή την περιοδεία, έχοντας την αίσθηση ότι, αν και τα προγράμματα που υλοποιήθηκαν είναι σημαντικά, θα έπρεπε να είχε ληφθεί κάποια πρόσθετη μέριμνα για την ανάπτυξη που τα συνοδεύει και για τους τύπους των κτισμάτων που θα έρθουν να προστεθούν εδώ αργότερα. [...] Για παράδειγμα, δεν έχω πειστεί ότι είναι πρακτική λύση να δημιουργηθούν μεγάλα οικοδομικά τετράγωνα σε περιοχές όπου η πλειοψηφία των γειτονιών αποτελείται από μικρά καταστήματα βιοτεχνίας. Θα πρέπει να σκεφτούμε πολύ πάνω σε αυτό το πρόβλημα.

Μετά κατηφορίζουμε προς το ποτάμι, που τώρα βρίσκεται στη χαμηλότερή στάθμη του, δημιουργώντας πλατιές αμμουδιές στις οποίες στήνονται μικρά εστιατόρια και προσωρινά σπίτια. Το βράδυ μπορείς να δεις πολλές φωτιές εδώ, στις οποίες οι άνθρωποι τηγανίζουν ψάρια του ποταμού [εικ. 228]. Αυτή η ζωή είναι σε μεγάλη αντίθεση με τη μεγάλη γέφυρα που χτίζεται [...] μόλις μερικές εκατοντάδες μέτρα ψηλότερα στον ρου του ποταμού.

229

230

TPITO TAΞIΔI ΣTO IPAK

11.8.1955 - 13.8.1955

Η γη φαίνεται πολύ πλούσια και η οικιστική της ανάπτυξη δεν θα πρέπει να γίνει προτού εξαντληθούν οι περιοχές με φτωχότερη γη [εικ. 229]. [...]

❚ ΧΩΡΙΟ HASWA ΣΤΟΝ ΔΡΟΜΟ ΠΡΟΣ ΧΙΛΑ (HILLA)[32]. Η πλειοψηφία των πιο χαρακτηριστικών μαγαζιών είναι τα καφενεία και τα τεϊοποτεία, με μόνιμους ή προσωρινούς τύπους κατασκευής και μακριές σειρές από καθίσματα μπροστά τους [εικ. 230]. [...]

❚ Ο ΟΙΚΙΣΜΟΣ ΣΤΗ ΧΙΛΑ. Οι μικροί δρόμοι κοντά στο παλιότερο κομμάτι της πόλης έχουν τα ίδια χαρακτηριστικά με αυτόν [εικ. 231]. Από εκεί μπαίνω στη μεγάλη εμπορική αγορά, που δεν είναι ένα καλοσχεδιασμένο κτήριο, αλλά σίγουρα έχει τα χαρακτηριστικά των αγορών που προτιμούν εξίσου οι έμποροι και η πελατεία τους. Σχε-

231

232

233

δόν όλοι οι μικροί δρόμοι σε αυτήν είναι μόνο για πεζούς και σκεπάζονται με διαφόρων ειδών στέγαστρα. Μερικά είναι οριζόντια, και κάποτε αποτελούνται από στοιχεία μεγάλης κλίσης προς δύο κατευθύνσεις [εικ. 232, 233].

I ΑΠΟ ΤΗ ΧΙΛΑ ΣΤΗΝ ΚΕΡΜΠΑΛΑ (KERBALA). [...] Πηγαίνοντας περισσότερο προς τα βορειοδυτικά συναντάμε άλλα είδη νομαδικών κτισμάτων, σε μερικά από τα οποία έχουν χρησιμοποιηθεί όχι μόνο οι παραδοσιακές τέντες αλλά και άλλοι τύποι προσωρινών κατασκευών [εικ. 234]. Σε απόσταση 24 χλμ. από τη Χιλά βρίσκεται το Χιντιγιά (Hindiya), που παλιότερα λεγόταν Knerich. Είναι το ποτάμι όπου σήμερα κατασκευάζεται ένα νέο μεγάλο έργο. Ο κύριος δρόμος [...] έχει δύο παράλληλες σειρές με μονώροφα κτίσματα μάλλον φτωχικά σε κατασκευή. Τα περισσότερα είναι καταστήματα και τεϊοποτεία. [εικ. 235]. [...]

Κατεβαίνοντας στο ποτάμι, παρατηρώ πόσο επίπεδη είναι η γη κι από τις δύο πλευρές. Υπάρχει ένας ειδικός τύπος μικρών λέμβων, που εξυπηρετούν την κίνηση κατά μήκος της όχθης του [εικ. 236].

234

235

236

ΗΜΕΡΟΛΟΓΙΟ ΤΗΣ ΙΝΔΙΑΣ

19 Οκτωβρίου - 3 Νοεμβρίου 1955[33]

29.10.1955

I Φεύγουμε στις 8:30 το πρωί για ένα διήμερο ταξίδι προς τα βόρεια ως τη Σαντιγκάρ. [...] Ο δρόμος είναι καλός και σε περίπου μισή ώρα φτάνουμε στο χωριό Larsauli της περιφέρειας Rohtak του Sonipat. Είναι ένα από τα χωριά του πειραματικού προγράμματος για την κοινοτική ανάπτυξη. Η περιοχή [...] αποτελείται από πολλά χωριά. [...] Ανάμεσα σε αυτό το χωριό και τον κεντρικό δρόμο υπάρχει μια άγονη έκταση και μια μεγάλη ασύμμετρη λίμνη [εικ. 237]. Η λίμνη συνδέεται με μια στενή λωρίδα γης, που φαίνεται να διέρχεται από το κέντρο του χωριού, διαιρώντας το στα δύο: το βόρειο και

237

238

239

240

το νότιο τμήμα. Πρώτα μπαίνουμε στο βόρειο τμήμα. [...] Το χωριό κατοικείται από δύο διαφορετικές κάστες. Στο βορινό υπάρχουν οι Harijans[34], δηλαδή οι παρίες, και στο νότιο οι βραχμάνοι και οι άλλες ανώτερες τάξεις, που σε αυτή την περιοχή ονομάζονται Jats. Πρώτα εισερχόμαστε στο τμήμα που κατοικούν οι παρίες. Μαθαίνουμε πως εδώ κατοικούν 200 οικογένειες. Αυτό το μέρος δεν δείχνει να έχει κανονική διάταξη χωριού. Πρόκειται μάλλον για νομαδικό οικισμό με σπίτια που έχουν φτιαχτεί από λάσπη [εικ. 238-240]. Μας κάνει εντύπωση που δεν υπάρχει ούτε ένας δρόμος εισόδου σε αυτό το τμήμα του χωριού. Αναγκαζόμαστε να διασχίσουμε μερικά μικρά χωράφια. [...]

Αφού περιηγηθήκαμε αυτό το τμήμα του χωριού χωρίς να συναντήσουμε κατοίκους που να ενδιαφέρονται για την παρουσία μας –μάλλον κρατιούνται σε απόσταση–, συναντάμε τελικά μερικούς νέους του χωριού, που έρχονται από το άλλο τμήμα του. [...] Μετά φτάνουμε στον κεντρικό δρόμο και κοιτάμε προς το νότιο και κύριο τμήμα του χωριού. Μου κάνει εντύπωση που υπάρχουν μερικά διώροφα σπίτια, ίσως 3-4 στο σύνολο, που διαθέτουν ολόκληρο δεύτερο όροφο, και ρωτάμε τα παιδιά που είναι μαζί μας να μάθουμε ποιοι μένουν σε αυτά [εικ. 241]. [...] Αυτά ανήκουν σε δασκάλους ή κρατικούς υπαλλήλους, που ζουν μακριά από τις οικογένειές τους, στις οποίες στέλνουν χρήματα για να συντηρηθούν. [...] Αυτό το τμήμα του οικισμού είναι καλύτερα χτισμένο από το προηγούμενο, αλλά η διαφορά τους δεν είναι πολύ μεγάλη. [...]

Περπατάμε στους δρόμους του χωριού και φτάνουμε στο κοινοτικό κατάστημα [εικ. 242]. Μας λένε πως χτίστηκε 500 χρόνια πριν. [...] Αναμφίβολα, είναι η καλύτερη οικοδομή του χωριού και διαφέρει πολύ, από κάθε άποψη, από τα υπόλοιπα κτήρια. Έχει κατασκευαστεί από μάστορα με εξαίρετη αίσθηση του χώρου, της αρχιτεκτονικής και της τεχνικής. [...] Το ζήτημα είναι ότι κατάφεραν να δημιουργήσουν μια σημαντική επένδυση, που να αντιστοιχεί στην οικονομία και την κουλτούρα τους. [...]

Καθώς περιφερόμαστε στο χωριό, με προσκαλούν να μπω στο σπίτι του γιατρού του χωριού [εικ. 243-244]. [...] Ο γιατρός μας υποδέχεται στην είσοδο του καθιστικού του και μας ξεναγεί. Ρωτώ για την παιδεία του και μου λέει ότι φοίτησε για πολλά χρόνια σε ένα από τα σχολεία που υπάρχουν εδώ κι αιώνες. Ονομάζει τον εαυτό του yunani doctor που σημαίνει Έλληνας γιατρός, και με αυτό εννοεί ότι ακολουθεί, όπως μου εξηγεί, τις θεωρίες των Ελλήνων που δίδαξαν σε αυτή την περιοχή –οι γιατροί που συνόδευαν τον Μέγα Αλέξανδρο. [...] Το σπίτι του γιατρού δεν διαφέρει από τα συνηθισμένα σπίτια του χωριού. [...] Η μόνη διαφορά είναι ότι η αυλή του είναι πολύ πιο καθαρή και ότι οι τοίχοι της είναι ασβεστωμένοι, όπως και των δωματίων. Σε αυτά τα δωμάτια ο γιατρός έχει ζωγραφίσει δύο μεγάλες τοιχογραφίες. Η μία απεικονίζει σύμβολα της ινδικής μυθολογίας και η άλλη γεωμετρικά σχέδια. Διερωτώμαι αν αυτά έγιναν, για να εντυπωσιάσουν τους ασθενείς ή αν έχουν μαγικές ιδιότητες. [...]

241

242

243

244

ΗΜΕΡΟΛΟΓΙΟ ΤΟΥ ΙΡΑΚ

17-26 Ιανουαρίου 1956[35]

17.1.1956

I ΕΠΙΣΚΕΨΗ ΣΤΗΝ ΟΙΚΙΣΤΙΚΗ ΠΕΡΙΟΧΗ ΤΗΣ ΒΑΣΟΡΑ (BAS-RA). Οδηγώντας προς τον οικισμό Margil, φτάνουμε στην οικιστική περιοχή που καταλαμβάνει και τις δύο πλευρές του δρόμου. Πρώτα επισκεπτόμαστε την έκταση προς τα αριστερά. Είναι καλυμμένη με σαρίφας.

Εισερχόμαστε σε μια από αυτές τις περιοχές και διαπιστώνουμε από διάφορα σημεία ότι οι σαρίφας είναι χτισμένες σε μεγάλο βάθος. Αφού επισκεφθήκαμε την περιοχή αριστερά του δρόμου, επισκεπτόμαστε την περιοχή που βρίσκεται δεξιά. Είναι φανερό πως πρόκειται για πραγματική πεδιάδα. [...]

Συνεχίζουμε την επίσκεψή μας προς τα αριστερά, επειδή μας γίνεται κατανοητό ότι η δεξιά πλευρά είναι η καλύτερη και θέλω να διαπιστώσω την κατάσταση που βρίσκεται η αριστερή πλευρά. Συναντάμε σαρίφας διαφορετικών ειδών. Μερικές είναι χτισμένες από λάσπη και μερικές από ψάθες [εικ. 245, 246]. [...]

I ΕΠΙΣΚΕΨΗ ΣΤΟΥΣ ΟΙΚΙΣΜΟΥΣ ΤΩΝ ΕΡΓΑΤΩΝ ΤΟΥ ΛΙΜΕΝΙΚΟΥ ΣΩΜΑΤΟΣ ΚΑΙ ΤΩΝ ΣΙΔΗΡΟΔΡΟΜΩΝ (PORT AUTHORITIES AND RAILWAY SETTLEMENTS). Πρώτα επισκεπτόμαστε την περιοχή που έχει εκχωρηθεί στους εργάτες του Λιμενικού Σώματος. [...] Φαίνεται ότι η μόνη πρωτοβουλία της κυβέρνησης ήταν να προσφέρει τη γη και να δώσει σχέδια για μια εξαιρετικά στοιχειώδη κάτοψη. [...] Οι τυπικοί δρόμοι έχουν πλάτος 10-12 πόδια και είναι ανεπίστρωτοι, με ανοιχτούς αγωγούς λυμάτων στον άξονα [εικ. 247, 248]. [...]

245

246

247

248

Υπάρχουν πολλοί τύποι κατοικίας σε αυτή την περιοχή που χτίστηκαν σε διαφορετικές φάσεις. Είναι κυρίως χτισμένες με ψάθες και μπαμπού. Χαρακτηριστικό είναι το ότι τα μπαμπού χρησιμοποιούνται ανάλογα με τις ανάγκες των κατοίκων [εικ. 249, 250].

Υπάρχουν και σπίτια που χτίστηκαν με πολύ απλούστερο τρόπο. Μερικά σπίτια είναι διώροφα, αν και ο δεύτερος όροφος δεν καλύπτεται με οροφή, είναι μάλλον ένας ανοιχτός όροφος [εικ. 251, 252]. [...]

**ΑΛΛΟ ΕΝΑ ΟΙΚΙΣΤΙΚΟ ΣΥΓΚΡΟΤΗΜΑ ΤΟΥ ΛΙΜΕΝΙΚΟΥ ΣΩ-
ΜΑΤΟΣ.** Αργότερα επισκεπτόμαστε ένα συγκρότημα που χτίστηκε
από το Λιμενικό Σώμα πολύ πρόσφατα. Τα σπίτια βρίσκονται στην
τελευταία φάση κατασκευής τους. Δεν έχουν κατοικηθεί ακόμη. Αυ-
τά τα σπίτια έχουν κατασκευαστεί από τούβλα. Όλη η κατασκευή
φαίνεται αρκετά καλή. Η γενική διάταξη δεν είναι ιδιαίτερα ορθολο-
γική. Τουλάχιστον δεν αποδεικνύει ότι έχει λάβει υπόψη τη δομή της.

Οι επιμήκεις φαρδιοί δρόμοι είναι το κύριο στοιχείο αυτού του
σχεδίου, όπως και τα μεσαίου μεγέθους οικοδομικά τετράγωνα. Ο

253

254

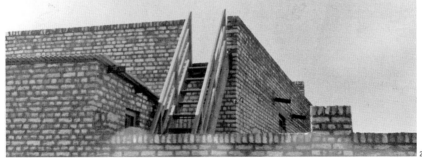

255

σχεδιασμός των σπιτιών δεν είναι διόλου πειστικός. Υπάρχουν μερικά καλά στοιχεία σε αυτά, όπως τα μικρά παράθυρα αερισμού, αλλά η κατασκευή στο σύνολό της μοιάζει πολύ βαριά. Δεν υπάρχει, για παράδειγμα, αερισμός για τις στέγες [εικ. 253-255]. Είναι χαρακτηριστικό ότι χρησιμοποιούν κυματιστά φύλλα τσιμεντοασβέστου για τα βοηθητικά κτίσματα. Έχουμε φτάσει στο ίδιο συμπέρασμα για τα δικά μας σπίτια. Είναι πιο ακριβά και χρησιμοποιούν την ίδια λύση [εικ. 256]. [...]

Οι σαρίφας συναντώνται παντού και σε πολλές περιπτώσεις είναι χτισμένες κατά μήκος στενών δρόμων πλάτους 3-5 μέτρων. Σε πολλά σημεία της πόλης, ανάμεσα στα δέντρα και τις φυτείες χουρ-

256

257

258

259

μαδιάς, βλέπουμε τα πρώτα σημάδια από νέες οικιστικές περιοχές. Μικρά σπίτια ή μικρά μαγαζιά κατά μήκος του δρόμου [εικ. 257-259].

Σε άλλα σημεία της πόλης, πλησιέστερα στα κατοικημένα κέντρα, οι δρόμοι και τα σοκάκια γίνονται πολύ στενά. Τα σπίτια χτίζονται με διάφορους τρόπους, με διαφορετικές περιφράξεις. Σε πολλές περιπτώσεις, τα σπίτια αρχίζουν τα χτίζονται μέσα στις φυτείες με τις χουρμαδιές, ανάμεσα στα δέντρα [εικ. 260-264].

260

261

262

263

264

Είναι φανερό ότι πολύ σύντομα αυτές οι περιοχές, που από απόσταση μοιάζουν να είναι ακόμα φυτείες, θα μετατραπούν σε οικιστικές. Το ερώτημα είναι αν μπορούμε να προβλέψουμε πότε θα συμβούν αυτές τις εξελίξεις και τι πρέπει να κάνουμε, για να σώσουμε τις φυτείες χουρμαδιάς, οι οποίες φαντάζομαι είναι πολύ χρήσιμες για το τοπίο αλλά και για το κλίμα. Οδηγούμαστε σε διά-

φορες περιοχές. Βρίσκουμε μερικά κανάλια [εικ. 265-267]. Συναντάμε πάλι φυτείες με χουρμαδιές, με τα πρώτα σπίτια να διακρίνονται ανάμεσα στα δέντρα [εικ. 268, 269]. [...]

267

268

269

Ι ΕΠΙΣΚΕΨΗ ΣΤΑ ΠΡΟΚΑΤΑΣΚΕΥΑΣΜΕΝΑ ΣΠΙΤΙΑ. Το από-
γευμα της Παρασκευής επισκεπτόμαστε μαζί με συναδέλφους μας
τις σειρές των σπιτιών που έχουν κατασκευαστεί από τη βρετανική
εταιρεία Wimpeys[36] έξω από τη Βαγδάτη, για λόγους επίδειξης, ως
βάση για ένα συμβόλαιο ανάθεσης έργου με το Υπουργείο Κοινω-
νικών Υποθέσεων [εικ. 270, 271]. [...]

270

271

272

▌ ΑΝΑΠΤΥΞΗ ΧΩΡΙΣ ΣΧΕΔΙΟ. [...] Περπατώ πάνω σε έναν δρόμο που έχει φυτείες με χουρμαδιές και στις δύο πλευρές του. Στη μια πλευρά υπάρχουν ήδη προσωρινές κατασκευές σπιτιών κάτω από τις χουρμαδιές [εικ. 272]. Φαίνεται πως πρόκειται για αρκετά μεγάλο οικισμό, καθώς πολλοί κάτοικοι φαίνεται να παρακολουθούν τους χορούς του απογεύματος της Παρασκευής. Ήδη έχουν διαμορφωθεί μικρά καφενεία πάνω στον δρόμο [εικ. 273, 274]. [...]

22.1.1956

▌ Η ΠΟΛΗ ΤΗΣ ΜΟΣΟΥΛΗΣ (MOSUL). Νωρίς το πρωί οδηγούμε μέσα στην πόλη και βλέπουμε διάφορους τύπους κτηρίων [εικ. 275,

273

274

275

276

276]. Μετά φτάνουμε στο ανατολικό τμήμα της πόλης και επισκεπτόμαστε το νέο τζαμί που χτίστηκε από έναν πολύ πλούσιο πολίτη, τον Mohammed Najib El-Jader (έμπορο της Μοσούλης). Ο τάφος του θα χτιστεί μέσα στον ίδιο περίβολο. [...]

I ΤΟ ΧΩΡΙΟ SHAKOOLI. Στις 10:00 φεύγουμε από το Bartella με κατεύθυνση προς Shakooli, το οποίο είναι ένα πολύ μικρό χωριό που αποτελείται κυρίως από ένα μεγάλο σπίτι και γύρω του μερικά μικρότερα. Οι συνηθισμένοι τύποι κατοικίας είναι πολύ φτωχικοί, χτισμένοι από λάσπη [εικ. 277]. Ακόμα και το κύριο σπίτι του χωριού αυτού, αν και πολύ μεγάλο, έχει χτιστεί με λάσπη. Συναντάμε τον ιδιοκτήτη του και εισερχόμαστε στην κεντρική αυλή του, που έχει μεγάλη έκταση και περιέχει διάφορα κτίσματα γύρω της, επίσης φτιαγμένα από λάσπη [εικ. 278]. [...]

I ΠΡΟΣ ΤΟ QARAQOSH[37]. Στις 10:30 εγκαταλείπουμε το Shakooli και πάμε προς το Qaraqosh. Στη διαδρομή μας περνάμε από το χωριό Karimless, που ανήκει στην ίδια επαρχία (nahiyah). Είναι χτισμένο με πέτρα. Είναι ένα χριστιανικό χωριό, βλέπουμε μια μεγάλη εκκλησία που χτίζεται [εικ. 279, 280]. [...]

Στην περιφέρειά του βρίσκουμε μερικά μεγάλα σπίτια που περιβάλλονται από μεγάλες αυλές [εικ. 281]. [...] Περπατάμε μέσα στο χωριό και βλέπουμε διαφόρων ειδών σπίτια, χτισμένα κυρίως από πέτρα [εικ. 282, 283]. Με εντυπωσιάζουν πολλά παλιά κτίσματα, τα οποία δείχνουν μεγάλη οικοδομική ικανότητα [εικ. 284]. [...] Σε ένα από τα σπίτια βλέπουμε ότι γίνονται ετοιμασίες για ένα γάμο [εικ. 285].

Από το δώμα ενός σπιτιού βλέπουμε ότι στο κέντρο του χωριού υπάρχουν μεγάλες εκτάσεις που είχαν ανασκαφεί στο παρελθόν

283

284

285

κι έπειτα εγκαταλείφθηκαν στην κατάσταση που ήταν, δημιουργώντας έτσι πολλούς κινδύνους για τη δημόσια υγεία [εικ. 286, 287]. [...]. Και ξαναβλέπουμε διαφόρων ειδών σπίτια [εικ. 288]. [...]

▌ ΑΠΟ ΤΟ QARAQOSH ΣΤΟ BARDAH RUSH. [...] Εισερχόμαστε σε ένα διαφορετικό τοπίο, γυμνό και βραχώδες. Συνεχίζουμε να ταξιδεύουμε προς το κέντρο της επαρχίας και προσπερνάμε μικρά χωριά και οικισμούς [εικ. 289]. [...] Φτάνουμε στο κέντρο της επαρχίας, που ονομάζεται Bardah-Rush Al Kebira και σημαίνει το μεγάλο Bardah-Rush. Όλη η επαρχία ονομάζεται Al Ashaiar Al Saba ή η Naniyah των Επτά Φυλών. Αποτελείται από 30 μικρά χωριά (που

286

287

288

289

290   291   292

είναι μάλλον μικροί οικισμοί) όπου ζουν 13.000 κάτοικοι. Οι μικροί οικισμοί έχουν εγκαταλειφθεί σχεδόν όλοι τα τελευταία χρόνια. Με πληροφορούν ότι αυτό οφείλεται είτε στο ότι είναι πολύ μικροί για να επιβιώσουν είτε στο γεγονός ότι στέρεψαν οι πηγές τους.

Όλα τα χωριά βρίσκονται στην πεδιάδα και οι κάτοικοι είναι αγρότες ή κτηνοτρόφοι (πρόβατα, αγελάδες, κατσίκες). Μερικοί έχουν γη, άλλοι παίρνουν κρατική γη κι άλλοι δουλεύουν για τους μεγάλους γαιοκτήμονες. Τώρα η κυβέρνηση μοιράζει κοινοτική γη στους άστεγους. [...]

Σχεδόν όλα τα σπίτια, με εξαίρεση εκείνα της κυβέρνησης, είναι χτισμένα από λάσπη. Ο ίδιος ο έπαρχος (Muddir Naviyah) ζει σε ένα τέτοιο σπίτι από λάσπη, το οποίο ανήκει στην κυβέρνηση. Μόνο Κούρδοι ζουν σε αυτή την περιοχή. [...] Επισκεπτόμαστε το σπίτι του, που είναι το μεγαλύτερο και καλύτερο στο χωριό. Αποτελείται από μια μεγάλη αυλή με διάφορα κτίσματα στην περίμετρό της [...]

[εικ. 290, 291]. Στην αυλή το κύριο κτίσμα είναι διώροφο. Ο ίδιος μέ-νει στον δεύτερο όροφο [εικ. 292]. [...] Όλες οι στέγες του χωριού εί-ναι επίπεδες, φτιαγμένες από χώμα [εικ. 293]. Πολύ διαδεδομένη εί-ναι η χρήση της βεράντας προστασίας [εικ. 294].

‖ ΕΠΙΣΤΡΟΦΗ ΣΤΟ ΚΙΡΚΟΥΚ (KIRKUK). Στις 15:20 αφήνουμε το κέντρο της επαρχίας. Επιστρέφουμε στον κεντρικό άξονα και κα-τόπιν οδηγούμε προς το Kirkuk. Στην επιστροφή περνάμε από ένα μικρό οικισμό, τον Shewara, που κατοικείται. Αποτελείται από ένα μεγάλο κεντρικό κτήριο και μερικά μικρότερα γύρω του. Μια μεγά-λη οικογένεια ζει στο μεγάλο κτήριο, μπροστά από το οποίο συ-γκεντρώνουν τα βότανα που τους έχουν φέρει οι αγρότες, τα οποία μετά εξάγονται για φαρμακευτική χρήση. Το σπίτι αποτελείται πά-λι από μια πολύ μεγάλη αυλή με πολλά κτίσματα γύρω. Μικρές αυ-λές και λασπόχτιστα σπίτια περιβάλλουν αυτό το μεγάλο κτήριο [εικ. 295, 296]. Η κατασκευή γίνεται αποκλειστικά με τοπικά υλικά: λάσπη, άχυρο και κάποια ξυλεία [εικ. 297, 298]. [...]

293

294

295

296

297

298

23.1.1956

I Η ΠΟΛΗ ΚΙΡΚΟΥΚ. Ξυπνάμε νωρίς το πρωί και τριγυρίζουμε την πόλη, για να δούμε τους διάφορους τύπους κατοικίας. Κυρίως μας ενδιαφέρει η περιοχή πέρα από το ποτάμι, εκεί όπου πρόκειται να χτίσουμε το πρώτο μας συγκρότημα. Βλέπουμε πολλά σπίτια χτισμένα από πέτρα [εικ. 299]. Αφήνουμε το αυτοκίνητο και περπατάμε μέσα στο πιο ενδιαφέρον κομμάτι της ανατολικής πλευράς της πόλης. Οι δρόμοι είναι πολύ στενοί [εικ. 300]. [...] Τέλος φτάνουμε στο κύριο κτίσμα της περιοχής, που είναι ένα παλιό τζαμί. Μπαίνουμε στην αυλή του και βλέπουμε τα κύρια κτίσματά του [εικ. 301, 302].

Από την κορυφή του μιναρέ μπορούμε να δούμε νεκροταφεία [εικ. 303]. [...] Μετά στην αυλή βλέπουμε τον τρόπο που κρατιέται το νερό δροσερό και το πώς καθαρίζεται από ξένες ουσίες [εικ. 304]. [...]

24.1.1956

Νωρίς το πρωί φτάνουμε στη Βαγδάτη. Μου κάνει εντύπωση το ότι διερχόμαστε από μια μεγάλη έκταση με σαρίφας, που δεν έχουν παροχή νερού, δρόμους, ηλεκτρικό, αποχέτευση ή αποστράγγιση. Αυτές οι σαρίφας δεν έχουν ούτε καν παράθυρα. Οι θύρες των αυλών τους αποτελούνται από παλιά σανίδια και παλιές κονσέρβες.

Παρ' όλα αυτά, πολλές από αυτές, ιδιαίτερα στην πρώτη ομάδα των σαρίφας που συναντάμε, έχουν αντένες ραδιοφώνου. Αξίζει να διερευνηθεί ποιοι είναι οι άνθρωποι που ζουν σε αυτές. Μου φαίνεται πως σε κάθε τρία ή τέσσερα σπίτια το ένα έχει αντένα. Αργότερα, όμως, 1-2 χλμ. προς το κέντρο της πόλης, περνάμε από μια περιοχή με σαρίφας, χτισμένες ακριβώς όπως οι προηγούμενες, που μόνο μία στις εκατό διαθέτει αντένα. Ποια είναι η διαφορά τους; [...]

Αργότερα σκέφτομαι ότι ενώ τα ραδιόφωνα, οι αντένες και οι μπαταρίες τους μπορούν να αγοραστούν από οποιονδήποτε, κανείς δεν παίρνει την πρωτοβουλία να προσφέρει τις εγκαταστάσεις που είναι πιο απαραίτητες, όπως η παροχή νερού και η αποχέτευση. Αυτό οφείλεται στο ότι στην πρώτη περίπτωση την πρωτοβουλία την παίρνουν οι ιδιώτες, ενώ στη δεύτερη απαιτείται συνεργατική και κοινοτική δράση.

Αυτό σημαίνει πως θα πρέπει να περιμένουμε ότι οι κάτοικοι των σαρίφας που ακούν τα νέα από το ραδιόφωνο θα αποκτήσουν πολύ πιο ανεξάρτητο χαρακτήρα, που δεν θα αξιοποιηθεί για κοινοτική εργασία και συνεργασία για το καλό του συνόλου. Δεν είναι επικίνδυνο φαινόμενο το να αναπτύσσεται μια κοινωνία χωρίς κοινοτικό αίσθημα;

ΗΜΕΡΟΛΟΓΙΟ ΤΟΥ ΠΑΚΙΣΤΑΝ

9 Ιανουαρίου-10 Μαρτίου 1956[38]

Ι ΣΑΝΤΙΓΚΑΡ (CHANDIGARH)[39]. Αυτή είναι η νέα πρωτεύουσα του Παντζάμπ (Punjab), η οποία καλύπτει μια έκταση 15 τετραγωνικών μιλίων. Υποδιαιρείται σε 30 τομείς και στην περιοχή του διοικητικού κέντρου. [...] Η είσοδος σε κάθε τομέα γίνεται μόνο από τέσσερα σημεία [εικ. 305]. Τα εμπορικά τους κέντρα βρίσκονται στους κεντρικούς δρόμους και υποδιαιρούνται σε ζώνες υψηλής, μεσαίας και χαμηλής πυκνότητας. Τα σπίτια διακρίνονται με βάση τις διαφορετικές κοινωνικές ομάδες. [...]

Ως τώρα υπήρχε πλεόνασμα κατοικίας σε διαφορετικές φάσεις ολοκλήρωσης, επειδή ο αντίστοιχος αριθμός δημοσίων υπαλλήλων δεν είχε ακόμα μετακομίσει στην πόλη. Σε αυτές τις φάσεις, νοίκιαζαν τα κρατικά σπίτια σε ιδιώτες με χαμηλό νοίκι. Αυτά τα σπίτια

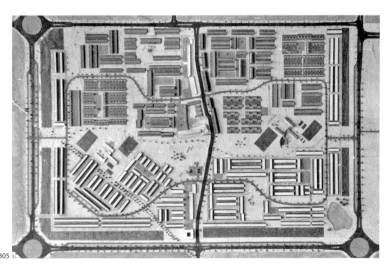

305

έχουν δοθεί πλέον στους δημόσιους υπαλλήλους. Οι ιδιωτικές κατοικίες σήμερα προσφέρονται με λογικό ενοίκιο. Η σημασία της Σαντιγκάρ φαίνεται τώρα να μεγαλώνει, ύστερα από την απόφαση της κεντρικής κυβέρνησης να δημιουργηθεί ένα μεγαλύτερο κράτος, το κράτος του Παντζάμπ. [...]

Η ολοκλήρωση του σχεδίου θα γίνει στο τέλος του τρίτου έτους του δεύτερου πενταετούς προγράμματος, πράγμα που σημαίνει πως όλη η κατασκευή θα πάρει 8 χρόνια, από τα οποία τα 6 αντιστοιχούν στα κατασκευαστικά έργα [...]. Η απόφαση να δημιουργηθεί η Σαντιγκάρ πάρθηκε το 1950, η επιλογή της περιοχής ανέγερσης έγινε το 1951-52 και η κατασκευή άρχισε στα τέλη του 1952. Ο Le Corbusier[40], που ήταν ο κύριος πολεοδόμος της Σαντιγκάρ, άρχισε τη δουλειά του τον Μάρτιο του 1951. Η πόλη σχεδιάστηκε για 150.000 κατοίκους, αλλά μπορεί να εξυπηρετήσει ως 500.000. [...] Η επέκταση αναμένεται να γίνει προς τα νότια. [...]

I ΤΑ ΧΩΡΙΑ. Οι κατοικίες αυτών των χωριών είναι μικρές και αποτελούνται από δύο δωμάτια, κουζίνα, αποχωρητήριο και ντους. [...] Τα χωριά αποτελούνται από πολλές εκατοντάδες σπίτια σε ομάδες. Το πιο χαρακτηριστικό τους στοιχείο είναι το bat-chet, που σημαίνει πλατεία κουτσομπολιού, αν και δεν βρήκα ποτέ κάποια ομάδα κουτσομπολιού σε κάποια από αυτές[41]. Παρατηρώ ότι αυτή η πλατεία είναι σχετικά μεγάλη. Είναι χαρακτηριστικό το ότι οι κάτοικοι διασχίζουν αυτές τις πλατείες, ακολουθώντας συγκεκριμένες κατευθύνσεις, όπως φαίνεται καθαρά από την ύπαρξη των μονοπατιών που έχουν σχηματιστεί [εικ. 306]. [...]

306

Φαίνεται πως υπάρχει ένα μόνιμο πρόβλημα με το στέγνωμα των ρούχων σε αυτές τις περιοχές. Οι κάτοικοι βγαίνουν από το συγκρότημα κι αφήνουν τα ρούχα τους πάνω σε πέτρες. [...]

❙ ΑΛΛΑ ΣΠΙΤΙΑ. Οι κατοικίες άλλων κατηγοριών ποικίλουν σε σύλληψη και σχεδιασμό. Είναι φανερή η πρόθεση να χρησιμοποιείται το τούβλο τόσο ως διακοσμητικό στοιχείο όσο και για προστασία στις βεράντες [εικ. 307, 308].

❙ ΟΙ ΑΓΟΡΕΣ. Μετά τις κατοικίες, τα πιο σημαντικά στοιχεία ως προς το μέγεθός τους είναι οι αγορές. Αυτές έχουν κατασκευαστεί με διαφορετικούς τρόπους από το κράτος ή σχεδιάστηκαν από το κράτος και κατασκευάστηκαν από ιδιώτες. Οι συνηθισμένοι τύποι μαγαζιών αποτελούνται από ισόγειο κατάστημα, με έναν ή δύο ορόφους κατοικίας για τον έμπορο. Έχουν ήδη χτιστεί τέτοια συγκροτήματα [εικ. 309]. Οι πίσω αυλές αυτών των σπιτιών φανερώνουν πως δεν υπάρχει αρκετός αποθηκευτικός χώρος [εικ. 310]. [...]

▌ΣΧΟΛΕΙΑ. Πολλά σχολεία έχουν χτιστεί σε διάφορους τομείς. Αν και ακολουθούν διαφορετικά σχέδια, είναι πολύ ενδιαφέροντα. Τυπικό είναι ένα κρατικό πρότυπο σχολείου. Λιγότερο τυπικό είναι ένα μεγάλο σχολείο, σχεδιασμένο από τον Pierre Jeanneret⁴², που αποτελείται από διάφορες σχολικές μονάδες. Ένα άλλο μεγάλο σχολείο σχεδιάστηκε από την Jane Drew⁴³ [εικ. 311]. [...] Μερικά ενδιαφέροντα νηπιαγωγεία έχουν επίσης σχεδιαστεί από τον Jeanneret [εικ. 312]. [...]

307

308

309

310

311

312

Ι ΤΟ ΚΤΗΡΙΟ ΤΗΣ ΓΕΝΙΚΗΣ ΓΡΑΜΜΑΤΕΙΑΣ. Αυτό μάλλον θα είναι το ψηλότερο κτήριο όλης της πόλης, καθώς αποτελείται από οκτώ κύριους ορόφους συν δύο πρόσθετους μικρότερους. Το πρόπλασμά του υπάρχει στο εργαστήριο του αρχιτέκτονα [εικ. 313].

Ι ΤΟ ΔΙΚΑΣΤΙΚΟ ΜΕΓΑΡΟ. Αυτό είναι οπωσδήποτε το μνημειακό κτήριο της Σαντιγκάρ. Γι' αυτό το λόγο υποτίθεται πως αντιπροσωπεύει το στιλ της πόλης, οπότε αφιέρωσα περισσότερο χρόνο στην επίσκεψή του. Προσπάθησα να το δω από διαφορετικές γωνίες, όπως θα το έβλεπαν οι μελλοντικοί επισκέπτες του [εικ. 314-317]. [...] Μπαίνοντας από τις κεντρικές του εισόδους, βλέπουμε όλη την κίνηση μέσα στο εσωτερικό του κτηρίου σε διάφορα επίπεδα [εικ. 318]. [...] Είναι φανερό πως όλη η σύνθεση βασίζεται στον συνδυασμό όγκων από μπετόν με κενά. Δεν υπάρχει καμιά άλλη προσπάθεια διακόσμησης. Το μπετόν δεν είναι επιχρισμένο ομοιόμορφα και στο εσωτερικό αυτής της ογκώδους δομής δεν έχουν χρησιμοποιηθεί χρώματα. Είναι αυτό η λύση; Στο εσωτερικό του κτηρίου υπάρ-

313

314

315

316

317

318

319

320

321

χουν άφθονο χρώμα και διακοσμητικά στοιχεία, όπως φαίνεται στους τοίχους των αιθουσών των δικαστηρίων [εικ. 319, 320]. [...]

❚ ΤΟ ΤΟΠΙΟ. Το φυσικό τοπίο είναι πολύ χαρακτηριστικό: μια μεγάλη πεδιάδα, στα βορειοανατολικά της οποίας αρχίζουν οι λόφοι και μετά συνεχίζουν τα βουνά των Ιμαλαΐων. Σε αυτό το κτίσμα μπορούμε να δούμε τον παλιότερο τρόπο κατοίκησης στην περιοχή. Υπάρχουν μερικά μικρά αγροτικά σπίτια που περιβάλλονται από ομάδες δέντρων [εικ. 321]. [...]

❚ ΣΥΜΠΕΡΑΣΜΑΤΑ. Αφού επισκέφθηκα την πόλη της Σαντιγκάρ δύο φορές (μια φορά τον Φεβρουάριο του 1954 και μια τώρα), αφού διάβασα γι' αυτήν και συζήτησα τα προβλήματά της με τους πρωταγωνιστές της, αφού συμμετείχα σε ένα συμπόσιο στη Σαντιγκάρ, στη διάρκεια του Σεμιναρίου Κατοικίας το 1954, μαζί με άλλους ειδικούς, πιστεύω πως έχω το δικαίωμα να εκφέρω γνώμη και να καταλήξω σε μερικά συμπεράσματα σχετικά με το τι έγινε σε αυτή την πόλη. [...]

Η πόλη της Σαντιγκάρ ως σύνολο είναι αποτέλεσμα πολιτικού θάρρους και οράματος ενός ειδικού. Θα μπορούσα να πω ότι πρόκειται για το πιο ενδιαφέρον σύγχρονο πείραμα στην κατηγορία της κατοικίας, των οικισμών και της πολεοδομίας (απ' όσο γνωρίζω) σε όλο τον κόσμο. Είναι κατά πολύ ανώτερο από οτιδήποτε άλλο κατασκευάζεται αυτή την εποχή στην Ινδία. Αυτό δεν σημαίνει ότι όλα όσα βλέπω είναι ιδανικά. Αντίθετα, νομίζω ότι θα μπορούσα να κάνω πολλές παρατηρήσεις για πάρα πολλά θέματα, οι οποίες θα αποδείκνυαν τις αδυναμίες του έργου ως συνόλου, μερικές από τις οποίες είναι πολύ επικίνδυνες. Παρ' όλα αυτά, δεν υπάρχει σύγκριση ανάμεσα στο πνεύμα της Σαντιγκάρ, που είναι το πνεύμα της δημιουργίας νέων λύσεων και του πειραματισμού σε νέες ιδέες, και σε άλλες προσπάθειες που γίνονται στην Ινδία. [...]

Γι' αυτό θεωρώ πως η κριτική που γίνεται συνήθως στην Ινδία για το πείραμα της Σαντιγκάρ είναι άδικη για διάφορους λόγους και μερικές φορές επικίνδυνη. [...] Η ιδέα της δημιουργίας μιας νέας πρωτεύουσας του Παντζάμπ είναι απόλυτα σωστή. [...] Η επιλογή της περιοχής φαίνεται πως ήταν ορθή από κάθε άποψη. [...] Το μέγεθος όλης της πόλης ως προς τον πληθυσμό της μοιάζει επίσης λογικό, αν και μια άποψη σε αυτό τον τομέα θα απαιτούσε περισσότερα αναλυτικά στοιχεία για το μέλλον του Παντζάμπ και της περιοχής, τα οποία τώρα λείπουν.

Η χωρική έκταση της πόλης είναι η μεγαλύτερή της αδυναμία. Είναι σίγουρα πολύ μεγάλη. [...] Απόδειξη αυτών των απόψεων είναι το γεγονός ότι οι μηχανικοί της πόλης βρίσκονται αντιμέτωποι με ένα κολοσσιαίο πρόβλημα συντήρησης και το ότι η τοπική κυβέρνηση στρέφεται προς την κεντρική κυβέρνηση της Ινδίας για επιδοτήσεις, ώστε να συνεχιστούν τα έργα της πόλης. [...]

Το άλλο κεντρικό σημείο που πρέπει να συζητηθεί για το σχέδιο της πόλης είναι η επιλογή της θέσης του διοικητικού κέντρου, που τώρα βρίσκεται στην άκρη της πόλης, προς τους λόφους. Δεν μπορώ να φανταστώ πώς θα εξυπηρετηθεί η πόλη από ένα διοικητικό κέντρο που βρίσκεται στο ένα άκρο της. Αυτό μου φαίνεται πολύ επικίνδυνο.

Η αρχή των επιμέρους τομέων σίγουρα είναι πολύ καλή. Εκτός από τη βασική αδυναμία της μικρής πυκνότητας, υπάρχει κι άλλη μια βασική παρατήρηση για αυτούς τους τομείς: δεν υπάρχει τακτικός σχεδιασμός κι αυτό μπορεί να δημιουργεί σύγχυση στους κατοίκους αυτών των περιοχών. [...]

Δεν θα ήθελα να τελειώσω αυτά τα συμπεράσματα χωρίς να επαναλάβω ότι όλες αυτές οι αδυναμίες [...] θα πρέπει να ιδωθούν μέσα από το πρίσμα ότι η Σαντιγκάρ παραμένει το πιο ενδιαφέρον και εμπνευσμένο πείραμα στην κατασκευή σύγχρονων πόλεων, το οποίο μπορεί να μας διδάξει περισσότερα από άλλα παραδείγματα, τα οποία μπορεί να θεωρούνται πιο πετυχημένα μόνο και μόνο επειδή είναι πιο συντηρητικά, με τους κατοίκους τους να έχουν συνηθίσει τις ελλείψεις και να μην τις αναγνωρίζουν.

Στις 17:00 εγκαταλείπουμε τη Σαντιγκάρ κι ύστερα από μια δεκάλεπτη στάση στο Καρνάλ (Karnal) φτάνουμε πίσω στο Δελχί στις 21:00.

ΣΗΜΕΙΩΣΕΙΣ

1. India Regional Housing Center, τόμ. 4, DOX-IA 12, Ιαν. 1956, τεύχος 7 (Αρχείο Δοξιάδη, φάκ. 24970). Βασίζεται στο INDIA Report and photographs, Ιαν.-Φεβρ. 1954, τόμ. 1 (φάκ. 24965), φανερά το πρώτο ημερολόγιο που κρατά ο Δοξιάδης. Ο τόμος του 1954 αποτελείται από μια έκθεση (που προοριζόταν για το Σεμινάριο των Ηνωμένων Εθνών στο Δελχί: «Types, standards and densities of housing accommodation», χ.χ.) και από έναν μεγαλύτερο όγκο φωτογραφιών με χειρόγραφες λεζάντες, υλικό από όπου θα επιλέξει ο ίδιος στοιχεία για τον τόμο του 1956. Όλες οι επόμενες αναφορές σε φακέλους προέρχονται επίσης από το Αρχείο Δοξιάδη, που σήμερα φιλοξενείται στο Μουσείο Μπενάκη.

2. Ταξίδι στη Συρία ως μέλος της International Bank for Reconstruction and Development, περίοδος 24.2.1954-12.4.1954. τόμ.1 (φάκ. 24859). Περιέχει και χάρτη με τις διαδρομές των δύο μερών, σ. vi.

3. UNRRA: United Nations Relief and Rehabilitation Agency (1943-47), διεθνής οργανισμός 44 εθνών με επικεφαλής τις Η.Π.Α. για την ανακούφιση θυμάτων του πολέμου.

4. NEF (Near East Foundation), διεθνής οργανισμός, που εδρεύει στην Αμερική, για την κοινωνική και οικονομική ανάπτυξη (ίδρυση 1915).

5. Μάλλον πρόκειται για τον σημερινό οικισμό Al-Nashabiyah, 19ο χλμ. ανατολικά της Δαμασκού.

6. Σημερινός οικισμός Saqba σε απόσταση 7 χλμ. από τη Δαμασκό.

7. SYRIA DIARY, DOX-S1 (τόμ. 2), 24.2.1954-12.4.1954 (φάκ. 24860).

8. Βάαλ-Δίας ή Μπελ, θεός της Μεσοποταμίας.

9. 12 Οκτωβρίου-23 Νοεμβρίου 1954 (φάκ. 23554).

10. Το σύστημα κατασκευής katcha είναι ο φθηνότερος τρόπος δόμησης με χρήση υλικών όπως η λάσπη, η ψάθα, οι θάμνοι, το άχυρο και η ανεπεξέργαστη ξυλεία.

11. Αρχική ονομασία (1947) της ανατολικής περιοχής του Πακιστάν, η οποία μετά το 1955 σχημάτισε το ανεξάρτητο κράτος του Μπαγκλαντές. Αντίστοιχα, η δυτική περιοχή του Πακιστάν αρχικά λεγόταν Δυτική Βεγγάλη. Ο Δοξιά-

δης χρησιμοποιεί τον όρο Βεγγάλη, εννοώντας πότε το σύνολο του ισλαμικού πληθυσμού στην Ινδική υποήπειρο και πότε ειδικά το σημερινό Μπαγκλαντές.

12. Στην περιοχή του Παντζάμπ αναπτύχθηκε ο πανάρχαιος πολιτισμός του Ινδού ποταμού. Μετά την απελευθέρωση από την αγγλική κατοχή, το 1947, το Παντζάμπ χωρίστηκε σε Δυτικό και Ανατολικό με βάση θρησκευτικά κριτήρια. Νέα υποδιαίρεση του Ινδικού Παντζάμπ σε τρία μέρη ακολούθησε το 1966 με βάση τις γλωσσικές διαφορές.

13. Θρησκευτικό κίνημα που δημιουργήθηκε στη Ρωσία στα μέσα του 18ου αιώνα ενάντια στις τότε μεταρρυθμίσεις του Πατριάρχη Νίκωνα.

14. Αλλιώς Σαλαφιστές, υπερσυντηρητικό κίνημα των Σουνιτών στα μέσα του 18ου αιώνα.

15. Sanusis ή Idrisis, αναθεωρητικά κινήματα αντίστασης στην ιταλοκρατία κατά τη διάρκεια του μεσοπολέμου στη Λιβύη.

16. Μεσσιανικό κίνημα στο Σουδάν στα τέλη του 19ου αιώνα.

17. Παλιός γνωστός του Δοξιάδη από το Δελχί, τώρα διευθυντής του Τεχνικού Πανεπιστημίου. Συζητούν για μια χαμηλού κόστους κατοικία.

18. Περιοχή Λαϊαλπουρ (Lyallpur District) μέχρι το 1979. Τώρα ονομάζεται Φαϊζαλαμπάντ.

19. Στην κατασκευή ρucca χρησιμοποιούνται τούβλα, λαξευτή λιθοδομή ή και τσιμεντότουβλα.

20. PAKISTAN DIARY DOX-PP40, Ιαν.-Φεβρ. 1955, 4 (φάκ. 23556).

21. Wassily Leontief (1906-1999), διάσημος Αμερικανός οικονομολόγος.

22. Σινδ (Sindh ή Sind), μία από τις τέσσερις επαρχίες του Πακιστάν στα νότια της χώρας, με πρωτεύουσα το Καράτσι.

23. Shih Mahal (Sheesh Mahal) αναφέρεται σε εσωτερικό χώρο του Amber Fort, το οποίο είναι επενδυμένο με αναρίθμητους μικρούς καθρέφτες.

24. Το ιστορικό νεκροταφείο της πόλης Landhi βρίσκεται 29 χλμ. ανατολικά του Καράτσι και περιέχει τους μοναδικούς τάφους Chawkandi.

25. Maurice D. Kilbridge (1921-2003), οικονομολόγος, εργάστηκε δύο χρόνια στο Πακιστάν και δύο στην Ινδία στην Αμερικανική Υπηρεσία Διεθνούς Ανάπτυξης, καθηγητής στο Χάρβαρντ.

26. Hollis B. Chennery (1918-1994) οικονομολόγος, ειδικός στην αναπτυξιακή οικονομία, καθηγητής Harvard, υποδιευθυντής στην Παγκόσμια Τράπεζα.

27. Αρχείο Δοξιάδη, φάκ. 24954.

28. Αναφέρεται στην ελληνο-ρωμαϊκή Δεκάπολη, συνασπισμό πόλεων που σήμερα ανήκουν στην Ιορδανία.

29. IRAQ DIARY DOX Q1-Q6, 1955 (φάκ. 23873).

30. Οι ιρακινές σαρίφας (sarifas) είναι αυθαίρετα λασπόχτιστα κτίσματα που χρησιμοποιούν ψάθες ή κλαδιά φοινικιάς.

31. Acting DG Technical Section no. II.

32. Hillah ή Hilla, πόλη του κεντρικού Ιράκ, 100 χλμ. από τη Βαγδάτη, δίπλα στην αρχαία Βαβυλώνα.

33. INDIA NOTES, 19.10.1955-3.11.1955, τόμ. 1 (φάκ. 24966).

34. Η ονομασία Harijan προτάθηκε από τον Μαχάτμα Γκάντι για τους Παρίες σύμφωνα με τις ινδικές κάστες. Σήμερα χρησιμοποιείται ο όρος Dalit.

35. IRAQ DIARY DOX-Q8, 1956, τεύχος 3 (φάκ. 23875).

36. George Wimpey, μεγάλη κατασκευαστική εταιρεία ενεργή από το 1880.

37. Qaraqosh ή Karaqush ή Kara-Kosh, πόλη 32 χλμ. νοτιοανατολικά της Μοσούλης.

38. PAKISTAN DIARIES AND REPORTS DOX-PP 72-84, 6 (φάκ. 23558).

39. Έκθεση για τη Σαντιγκάρ (Chandigarh) μετά από επίσκεψη στα τέλη Οκτωβρίου του 1955, DOX-PP 78, Αθήνα, Φεβρουάριος 1956.

40. Le Corbusier (Charles E. Jeanneret 1887-1965), διάσημος Γαλλοελβετός αρχιτέκτονας, γνωστός επίσης στα ελληνικά ως Κορμπυζιέ ή Κορμπού.

41. Το Γραφείο Δοξιάδη χρησιμοποίησε αυτό το στοιχείο σε οικιστικά προγράμματα του Ιράκ.

42. Pierre Jeanneret (1896-1967), Ελβετός αρχιτέκτονας, για μεγάλο διάστημα συνεργάτης του εξαδέλφου του, Le Corbusier.

43. Jane Drew, (1911-1996), Αγγλίδα αρχιτέκτονας και πολεοδόμος, υπέρμαχος του κινήματος του μοντερνισμού.
    Εκτός από τον P. Jeanneret και την J. Drew, εδώ εργάστηκε και ο M. Fry.